ソロ登山の知恵

実践者たちの思考と技術

山と溪谷編集部 編

ヤマケイ新書

はじめに

ソロ（単独）での登山は、危険と隣り合わせである。登山口で「単独登山はやめましょう」といった看板を見ることは珍しくない。２０１９年の全国の山岳遭難統計を見ると、実にソロ登山の遭難者の16％が死亡・行方不明となっている。パーティによる遭難の死亡・行方不明は８％で、遭難死のリスクは2倍にもなる。

経験を積んだ登山者のほとんどは、こうしたソロ登山の危険性をよく知っている。しかし、それでもソロ登山を愛するベテランは多い。仲間とスケジュールが合わないなどの消極的な理由だけでなく、ひとりで山を歩くという行為は、危険度の高さと天秤にかけてもなお、実践する価値のある、魅力的な行為だからだ。

こうした状況のなかで、雑誌『山と溪谷』では、毎年ソロ登山を特集している。その内容は主として登山技術の解説や、リスク管理に関するものだ。こうした記事がソロ登山を推進している、とみる向きもあるかもしれないが、雑誌が特集をやめたところで、ソロ登山は減らないだろう。また、山岳会などの組織に属さず、学びの機会を得にくい登山者も多い。であれば、単独のリスクを明確にした上で役立つ知識を掲載するほうが遭難防止につながるはずだ。

実のところ、山歩きを主体とする登山において、ソロ特有の技術というものはさほど多くない。しかし、仲間がいればフォローし合える状況でも、すべて独力で切り抜けなければならないため、ソロ登山には不足のない技術・知識、体力が必要であり、ソロならではのちょっとしたコツもある。

本書に収録したのは『山と溪谷』や兄弟誌『ワンダーフォーゲル』の特集で掲載した、エキスパートたちのソロ登山に関する考え方や実践術だ。豊富な経験に裏打ちされたテクニックはソロ登山ですぐに役立ち、遭難のリスクを下げてくれるものばかりだ。本書が、ひとりで山に向かうソロ登山者の不安を和らげ、リスクを軽減するための一冊となることを願ってやまない。

山と溪谷編集部

ソロ登山者の知恵　目次

カバー・本文デザイン　天池聖（drnco.）
編集　西野淑子
西村健（山と溪谷編集部）
カバーイラスト　山口正児
校正　與那嶺桂子

第1章

ソロ登山とは

インタビュー

私がひとりで登る理由

ひとりで登る理由は人それぞれだけど、突き詰めるとだいたい共通している。
登山スタイルの異なる実践者に、その魅力を聞いてみた。

知恵①

自分がやりたい登山を100％実現できるのが単独行

――大西良治さん

2016年10月、北アルプス立山の山腹を流れる「称名川《しょうみょう》ゴルジュ」が初めて全流遡行された。日本の沢登り「最後の課題」とされ、長らく遡行は不可能視されていた称名川。数十年に一度レベルのこの大登攀を成し遂げたのは大西良治さん。しかもなんとソロで、である。
称名川以前にも、大西さんは剱沢《つるぎさわ》大滝などをはじめとして、国内の困難な沢登りルートをほとんどソロで遡行してきた。これは沢登りの世界では異例なことであり、実際、このレベルの沢を単独で登り続けている人は、今も昔も、大西さん以外には見当たらない。いったいなぜ、ひとりで？

「それがいちばん純粋に自然と向き合えるからです。ひとりだと、ほかのものに気を取られることなく、自然の崇高さや威圧感などをあるがままに感じられるんです。自分の想像を超えた景観に出会えたときなどは最高ですね。それを自分だけで乗り越えていくことにもやりがいを感じるし、その壁が高ければ高いほど、得られる達成感も大きくなる。単独は僕にとって沢を最大限楽しむためのスタイルなんです」

沢登りは、行く手がどうなっているかは行ってみないとわからない探検的な側面がある。初めて足を踏み入れた場所から受けるインパクトは、ひとりのほうが明らかに大きくなると大西さんは言う。とはいえ、ただでさえ沢登りは危険度が高い。ソロともなればなおさらだ。大西さんはその困難を克服することさえ、ひとりのほうがより純粋に、より大きな喜びを感じられるというのだ。

大西さんが沢登りを始めたのは大学のワンダーフォーゲル部。当初はクラブの仲間と山に行っていたが、雑誌で山野井泰史さんの記事を読んだりしているうちに、難しい登山への憧れが強くなっていく。トレーニングとして始めたクライミングにもはまり、次第にクラブの活動と食い違いを感じるようになり、2年ほどで退部。以来、ほぼ独学、ほぼ単独で沢登りを続けてきた。

「パーティで登るときは、100%自分のやりたいことをやれるわけじゃないですよね。同行者のスキルや好みにも合わせる必要がある。だけどひとりだったら、自分が行きたいと思うところに好きなように行けます。ソロで登るようになったもともとの理由は、そういう自由度の高さにもあります」

ボルダリングの分野でもその名を知られる存在である大西さんは、登攀技術の高さでも国内屈指の存在。足並みをそろえられる人は確かになかなかいないが、では、仮に、モチベーションと技術が大西さんに匹敵するような人がいたら、一緒に登りますか？　と聞くと、「それでもひとりで登ります」と即答した。特に思い入れの深いルートほど単独でやりたいと言い、「仮にそういうパートナーがいたとしても、称名川はひとりで行きました」と話す。大西さんにとっては必ずしも困難なルートを登ることが目的

称名川でツエルトビバーク。12日間にわたった遡行中、比較的安定したビバーク地（大西良治＝写真、右も）

称名川ゴルジュの核心部「下ノ廊下」。側壁の高さは150m以上で、写真からは現場の薄暗さと緊張感が伝わってくる

なのではなく、困難な課題を全部自力で克服することが重要なポイントなのだ。

「最上の課題があって、そこはひとりで行くのがいちばん難しい。それがわかっているのに、技術が足りなかったり恐怖心に負けたりして実現できないのはいやなんですよ。ただただ、自分に負けたくないんです。それが僕がソロで沢登りをやる大きな原動力になっています」

おおにし・りょうじ／1977年生まれ。2011年に剱沢大滝、16年に称名川を単独遡行し、現在、日本最強の「沢ヤ」とされる。フリークライミングの実力も高く、数々の初登記録をもつ。著書に『渓谷登攀』（山と溪谷社）がある。

知恵②

長期間の登山は、ひとりのほうが向いているかもしれません

——栗秋正寿さん

零下50℃を下回るような極低温と烈風。「ヒマラヤより厳しい」といわれることもある冬のアラスカの山。そこを登るには、雪洞にこもって2カ月近くも好条件を待ち続けるような粘りがカギとなる。そんな登山を、20年にわたって、たったひとりで毎年のように続けている人がいる。それが栗秋正寿さんだ。

栗秋さんが初めて冬のアラスカを登ったのは１９９７年。以来、16回も冬のアラスカに出かけているが、すべてひとり。想像するだけで気が遠くなるような世界だが、本人にはまったく気負いがない。

「単独にこだわりがあったわけではないんです。最初は大学山岳部の仲間と行くつもりだったんですが、都合が合う人がいなくて、しかたなくひとりで。それが、いつの間にか定着していたという感じです」

　きっかけは偶然だったとしても、20年もそれを続けているからには、そこになにか魅力があったはず。

「それはそのとおりです。自然との一体感や、登山を終えたときの充実感は、単独だとより強く感じられるんです。

2010年にはハンターにトライ。この雪洞で23泊を過ごした（栗秋正寿＝写真、下も）

食料や装備を積んだそりを引く。腰に付けているのはクレバス転落防止用のポール

特に私の登山は長期間にわたるので、自分自身とじっくり向き合うことができるのもいいところです。普段の生活では、そんな時間はなかなかもてませんから」

さらに栗秋さんは「冬のアラスカでは、単独のほうが向いているかもしれない」と付け加える。現地のレンジャーによれば、冬に登りにくるパーティは、仲違いを起こしてしまうことが非常に多いというのだ。雪洞などの閉鎖的な空間で顔を付き合わせ続けるストレスに耐えられなくなってしまうのではないかと栗秋さんは説明する。ストレスのかかる過酷な条件下では、些細なことからメンバー同士のケンカになりやすいというのは、冬のアラスカにかぎらずよく聞くことだ。

「単独行は身体的には非効率的なのですが、精神的にはもしかしたら合理的なのかもしれません」

ただし、荷物はすべてひとりで担がなければならないし、ラッセルを代わってくれる人もおらず、体力的な負担は大きい。クレバスなどの危険もぐっと増すことになるし、トラブルに遭ったときに頼れる人もいない。単独行は、体力的・技術的な困難度が上がることは間違いない。ミスを犯せば命取りになるわけで、それを回避するために栗秋さんが意識しているのは、常に余力を残すようにすること。1日の行動時間は6時間くらいにとどめ、疲れきるまで動くことはしない。疲れると判断力も落ちてしまうからだ。平常心を保つことも意識的に心がけていることのひとつ。停滞時はラジオを聴くなど、できるだけリラックスできる環境作りを追求してきた。もうひとつ、栗秋さんは興味深いことを指摘する。

「単独登山は登っているときは確かにひとりですが、周囲の人の支えがあってこそ実現できるものだとも思っています」

栗秋さんには妻と二人の子どもがいる。アラスカにはいつも登山をサポートしてくれる人もいる。その人たちの信頼を裏切るような登山は絶対にしない。支えてくれる人あってのソロ登山ということも、栗秋さんにとっては重要なポイントなのだ。

くりあき・まさとし／1972年生まれ。95年にデナリに初めて登頂。98年に冬季単独登頂も果たす。2007年、フォレイカーで世界初の冬季単独登頂に成功。10年、植村直己冒険賞受賞。近著に『山の旅人 冬季アラスカ単独行』（閑人堂）がある。

知恵③

ソロ登山に向いていない人は、登山に向いていないと思うんです

――打田鍈一さん

西上州の山をホームグラウンドとし、低山ながら探検・冒険的要素の高い「ハイグレード・ハイキング」を提唱する打田鍈一さん。「特に単独登山へのこだわりはない」と言いつつ、年間70日ほどの登山のうち3分の1はソロ登山だ。

「『ひとりで登るぞ』と気負って行ったことはほとんどないんですが、ひとりで登ったことを後悔

したこともありません。ひとりで登ると、山と真剣に対峙できるし、山をより深く感じられるんです。人と登ると別の楽しみはあるんですが、意識が人に向いてしまって、山から受ける味わいは少なくなってしまう面がありますね」

打田さんが初めて登山をしたのは23歳のとき。これは職場の先輩に連れられてのことだったが、その わずか4日後に、早くもひとりで秩父《ちちぶ》の熊倉《くまくら》山という山に出かけている。まだ登山のなんたるかもほとんどわかっていないころ。ショルダーバッグに革靴といういでたちで登り、道に迷って遭難しかけてしまう。あせりながらも腰を下ろし、ノートに記録を書き付けていたら気持ちが落ち着いて、無事に下山することができた。この経験が強く心に残り、以来、ときにソロ、ときにパーティで登山を続けてきたが、ソロ登山で大きな事故を起こしたことがないという。これまで山で骨折をしたことが2回あるが、それはどちらも人と登っているとき。ひとりのときはそれだけ集中していたのだろうと振り返る。事故を起こしたらどうしようという不安を感じたこともないそうだ。

「ひとりゆえの怖さを感じたことはまったくなかったですね。それよりも、解決しなくてはならない現実が目の前にあるから、心細さを感じているヒマはなかったというほうが正確かな」

ということは、打田さんはやはりソロ登山に向いている性格だったんでしょうか？　と聞くと、迷わずこう答えた。

「いや、ソロ登山に向いているとか向いていないとかいうのはないと思いますよ。というより、ソロ登山に向いていない人は登山自体に向いていないんじゃないでしょうか。そんな気がします」

ソロ登山に必要なこととして打田さんが強調するのは自己管理能力。自分の体力はいまどれくらいあって、現在地はどこで、目的地までは○時間くらいだからどれくらいのペースで歩けばいいか。天候や時間を勘案してこれ以上進んでもいいかどうか。そんなことを常に考えながら、自分で判断して実行できる能力。それはソロ登山にかぎらず、どんな登山でも必要な能力だというのだ。

「だからソロ登山ならではの必要な技術や知識というのは特にないんじゃないでしょうか。登山の基本を身につけている人なら、単独であろうとパーティ登山であろうと、変わらず登れるはずだと思うんです」

奥武蔵・伊豆ヶ岳で

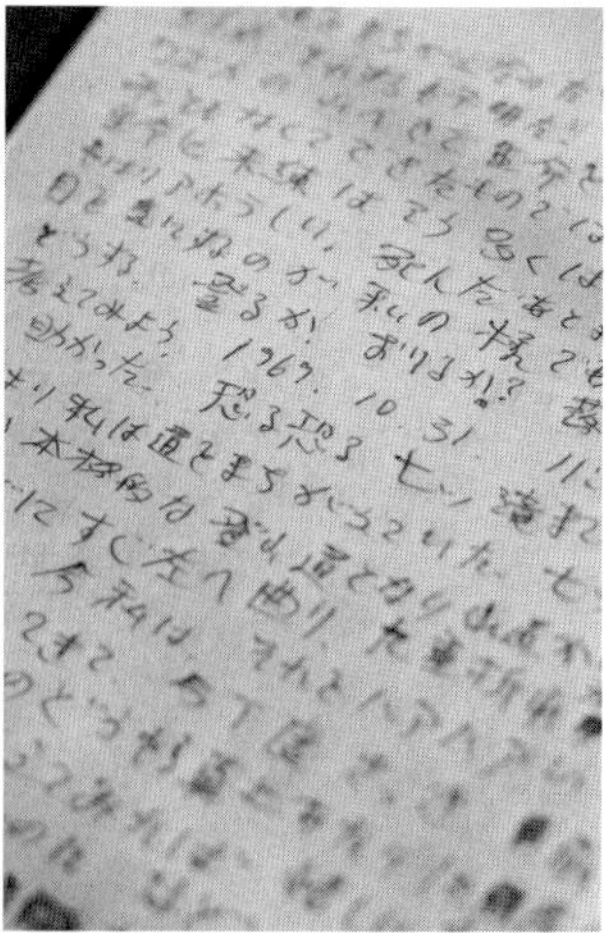

初めてのソロ登山で道に迷ったときに書いた記録。「助かった」の一文が生々しい

とはいえ打田さんもすでに70代。加齢による体力の衰えは感じており、単独行に不安を覚えることも増えてきたと話す。そのため、以前にもまして慎重に歩くようにしているという。このように、自分の体の変化を察知して、歩き方をアジャストできるというのも、まさに自己管理能力のひとつだ。これができるということが、体力が衰えたとしても事故を起こさないひとり歩きができるカギになるのだろう。

うちだ・えいいち／1946年生まれ。ロープやコンパスを駆使して低山の楽しみを追求。著書『薮岩魂』『埼玉県の山』（山と溪谷社）など。最新刊は『続・薮岩魂 いつまでもハイグレード・ハイキング』（同）。

知恵④

自分自身のテーマはひとりで追い求めるもの
――町田有恒さん

2016年11月6日、山口県下関市にある火の山を越えて関門海峡に達した町田有恒さんは、本州の水脈を太平洋と日本海に分ける中央分水嶺、全長約2700㎞を踏破した。

「やっぱり本州って長かったんだなあと思いました。そして、もう歩かないで済むと思うとほっとした」

そう言って町田さんは、飄々と笑う。その独特の物静かなたたずまいは、区間を区切りながら長年かけて歩いた月日が生んだものだろうか。

「最初から分水嶺をすべて歩こうなんて思っていませんでした。山へ通ううちに、ほかの方が登られているのを知り、『ん？　自分もできるかもしれない』と思ったんです」

と自らを振り返る。達成までにかかった時間は、35年3カ月。

分水嶺に、すべて登山道があるわけではない。そして、町田さんの登山スタイルに、道は必要なかった。

「登山を始めたのは高校1年のときに山岳部に入ってからです。受験に疲れて、自然の中でのんびりしたいと思ったのがきっかけでした。そして、すぐにヤブこぎが好きな先輩に誘われ、そのおもしろさを知りました」

3年生になると、すでに単独で登山道のない山へ入るようになった。沢に入り、尾根に取り付いて、向こう側の沢へ下りるというように、地形図で独自のルートを見つけては山に出かけた。飯豊《いいで》山では、山脈を横断するように、押切《おしきり》川大桧《おおひ》沢本流から飯森《いいもり》山、飯豊山、赤津《あかつ》山、二王子《にのうじ》岳へ12日間かけて歩いた。二ツ峰から二王子岳までのかなり長い区間をヤブこぎしたという。

「生い茂った根曲がり竹を両手でかき分け、足で踏み押さえながら歩きました。1日に進めるのはほんの数キロ。履いていた地下足袋は裂けて、ガムテープや糸と針で修理しました」

それでも、町田さんはすべてを「想定内」と言う。

「山には、都会生活にない自由があります。道のない山をどこまで行くか、どこで寝るか、すべてを自分自身で決められる。自分だけの時間を過ごすことができるのが魅力です」

その装備は、使い込まれたものばかりだ。2泊3日の夏山なら、地下足袋を履き、アライテント・エアライズ1型（昔はツエルト）、レインウエア、シュラフカバー＋シュラフライナー、マット、バーナー、ヘッドランプ、コッヘル、今は懐かしいポリエチレンの水筒、食料を80ℓのザックに入れて出かけるのだ。

「カッパは上だけです。ヤブでは、どうせ下は濡れてしまうから省くんです。マットはウレタンを使います。エア式は穴が開くとどうにもな

歩いた山を赤線でたどった、関東甲信越50万分ノ1地方図（河川沿いは、自転車）。黄ばんだ紙の色に、山で過ごしてきた時間と、山への愛着がうかがえる

中央分水嶺踏破を振り返る町田さん

らない。バーナーの燃料はレギュラー缶1個あれば1週間もちます」

食材は「毎回、いちいち考えるのは面倒」と、米、カレールー、即席麺に決めている。

「夜は、具なしのカレーライス。朝食にマルタイラーメンを1・5束。昼は前夜の残りで作った握り飯です。もっといろいろ食べたい欲求はあるけど、軽量化を優先にして、下山後の楽しみに取っておきます」

こうして、町田さんは、平日はサラリーマンとして仕事をする傍ら、週末を活用し、年間40〜70日のペースで山に入る。そして、いつも何本かの目標を抱いているという。

「日本三百名山はすでに終わりました。一等三角点は全国に約970カ所ありますが、あと40カ所残るだけです。5年前からは、都道府県別にすべての山に登るのをやっています」

分水嶺完歩ですら、その中のひとつでしかなかったとは驚きだ。

町田さんは、37年にわたる登山歴の中で、事故はゼロ。下山予定にも遅れたことがない。ヤブこぎの多いソロ登山で、いったい、どのように安全に気を配っているのだろうか。

「1日の行程を、行けると思った距離の8割くらいにとどめています。長期の場合は、必ず予備日も設ける。でも、実際は予定より長く歩けることが多く、最後は地図が足りなくなってやめることもあるくらいです」

と、余裕をもった計画組みを鉄則にしている。そして、地図は2万5000分ノ1地形図を主に使い、5万分ノ1も予備に持っていく。

「最近は、GPSも活用しています。登山口まで行く車で使用しているのだから、そのまま使おうと購入しました。背丈を超えることもあるヤブの中を歩くのにもってこいですね」

と、地形や位置を把握する情報源を三重に用意して、備えを万全にしている。果たして、今までに危ない場面に遭ったことはないのだろうか。

「北海道の雪山で膝を痛め、動けなくなったことがあります。2日間、テントで停滞して、痛みが引くのを待って自力で下山しました。それから、50歳を過ぎて、体のバランスが以前よりわるくなったのを感じ、今は積極的に沢へ行くのはやめています」

このように、常に自らの行動を冷静に見ながら、山へ向かい続けてきた。だが、万が一のときに助け合う仲間のいないソロ登山に対して、不安はまったくないのだろうか。

「計画を立てると、『ここはすごいんだろうな』と想像しながら、四六時中地図を見ています。そうすると、『あれだけ思ってたんだから、見て確かめないと帰れない』という気持ちになる。山への恋心を膨らませて出発するんですよ」

と迷いのない表情で答える町田さん。今、いちばんよく出かけるのが県別の全山登山で、地形図に記載されている「山」と名の付くところを片っ端から登っている。

「住宅街のすぐ裏にあるような里山もあり、標識もなく、山頂がわかりづらい山も多い。そこを歩き回って、GPSを使わずに自分の感覚で最高点を見つけるのがおもしろい」

日程がなかなか組めずに行けていない北海道の山にも興味があるそうだ。ヤブこぎも、分水嶺縦走も、全山登頂も、みな、町田さんにとって「自由」を楽しむ大切なメニューなのだ。改めて「山登りとは」と尋ねると、にこやかにこう答えた。

「単独行。それしか考えられない」

まちだ・ゆうこう／1963年、東京都生まれ。名前は、山好きの父親が、日本山岳会設立に尽力した槇有恒にちなんでつけたもの。沢やヤブ尾根をつなぎ、登山者がほとんど立ち入らない山域を縦横無尽に歩き、独自の世界を切り開いている。

知恵⑤

ひとりだと山のすべてを独り占めできる

――関口 保さん

太平洋の駿河《するが》湾から日本海の親不知《おやしらず》海岸へ。その間を結ぶ日本アルプスの山並みをすべて縦走したい――。山好きなら一度は想像してみる夢だ。そんな夢を、なんと70歳を超えてからソロ登山で実現した人がいる。若き日に山に親しんでいたとはいえ、その後、長いブランクがあり、再開したのは50歳を過ぎて、古傷が痛んで歩くことさえ困難になってから。治すには衰えた筋力を復活させるしかないと医者に宣告され、痛む足を引きずるように低山歩きに励んだのがきっかけだった。彼、関口保さんは、いかにして日本アルプスの峰々を歩いたのだろうか。

まず実践したのは装備の軽量化。

「リハビリ山行の結果、不自由なく歩けるようになったとはいっても、若いときの体力があるわけではないですからね。荷物は6kgまでと決めて、それで実行できる計画を立てたんです」。

山小屋が充実している山域ではもちろんそれを利用、食事も山小屋で済ます。背負わずとも購入できるものは、極力現地で手に入れることにした。これによって、まずは上高地《かみこうち》から日本海の親不知海岸までという長大縦走を72歳で18日間で踏破。この成功で、駿河湾から上高地に至る残りのルートをも歩く覚悟ができたという。翌年に挑んだのは南アルプス。南部の畑薙《はたなぎ》大吊橋から北部の北《きた》沢《ざわ》峠までを、再び積極的な山小屋利用で歩き通すことに成功した。北ア、南アという大物をこなした彼が次にめざしたのは、全ルートの端緒、駿河湾から南アへ至るエリアだったが、ここで今までにない問題に直面。マイナー山域ゆえに、そこには山小屋がなかったのだ。ならばデイハイクでつなげようと思っても、それぞれの入下山口へ至る公共交通もない。

そこで彼が考案したのが、ワゴン車にミニバイクを積んで山へ向かうという方法だ。まずはその山行の下山予定地に向かい、そこにミニバイク（チビ太と命名）をデポ。そこからワゴン車で登山口に戻って、その日は車中泊。翌朝から歩き始めて下山地に到着したら、チビ太を駆ってワゴン車へ戻るという作戦だ。ちなみにワゴン車はＢＣ（ベースキャンプ）と命名。これを繰り返しながら、南アとの接続部である畑薙大吊橋へつないだのだった。

「実際にやってみると、思わぬ利点もありました。テントの設営はいらないし、台所までつけましたから！」。その後、同様の作戦と山小屋利用を併用して中央アルプスを、そして中央アルプスと北アルプスをつなぐエリアも歩き通した。

もちろんすべてが順風満帆だったわけではない。読図には相当の自信をもっていた関口さんだったが、一度だけコンパスを疑ったことがあり、そのときにはかつてない恐怖を経験した。

「方角がわからなくなった途端、昼間なのに目の前が夜のように暗くなり、木々がお化けよろしく手をさしのべている気がしたんですよ。いや、あれは本当にコワかった……」

猛烈なヤブに阻まれて行くも戻るもかなわず、通常は禁じ手とされている谷への下降を決断したこともあった。地元の人間以外がその山に入ることを禁じる、いわゆる「留山《とめやま》」にさえぎられてルートを変更せざるを得なかったことも。

「あれにはまいりました。地元の意向で山に入れないなんて、通常の山歩きではなかなかないですよね」

それでも徐々に距離を稼ぎ、ついには２０１６年10月、わずかに残していた南アと中アの接続部を無事にこなして全線踏破に成功。上高地を歩き出してから、実に5年後のことだった。

彼がこの計画を成功できたのには、いくつか理由がある。まずは若いころに、沢や岩も含めて山に入り浸っていて、山歩きの基礎がしっかり叩き込まれていたこと。入念な準備や登山計画書に代表される安全管理も徹底していた。

そしてなによりもこの計画を成功させたのが、前述のワゴン車とミニバイクを組み合わせたシス

「天空の山旅」の相棒、ワゴン車とミニバイク（初代と2代目）。車には自作のベッドや調理台を備える

関口さん自筆によるこの旅の概念図。駿河湾から南ア、中ア、そして北アを抜けて日本海へ至る行程がよくわかる

テムだろう。単独マイカー登山は便利だが、ピストン山行からは免れられない。公共交通を使った登山は入山口と下山口を別に設定できるが、そもそも公共交通のないところにはアクセスできない。一見小さな工夫に思えるが、これによって、マイカー登山と公共交通登山が抱える弱点をみごとに補完したのだった。

最後に、関口さんにソロ登山の魅力を尋ねてみると、「ひとりだと山のすべてを独り占めできるんですよ。2人で入れば2分の1に、3人なら3分の1になってしまいます。もちろんその『独り占め』にはリスクも含まれていますが」という答えが返ってきた。

せきぐち・たもつ／1939年、東京生まれ。中学時代から山に没頭。その後ラリー競技や釣りにのめり込んだ後、還暦近くして山に戻る。2016年12月、太平洋から日本海まで稜線伝いに旅をした記録『天空の山旅日記』（山と溪谷社）を上梓。おいらく山岳会会員。

解説

ソロ登山を知る

山の大自然とひとりで向き合えるソロ登山はすばらしい。他人に影響されず自分の時間を過ごせることは大きな魅力だが、パーティよりも遭難のリスクが高い点は注意が必要だ。

知恵⑥

ソロのメリット、デメリットを知り、不安やリスクを軽減する

――野村 仁（山岳ライター）

ソロ登山全盛である。ソロ登山の魅力は、山のすばらしい風景や雰囲気のなかを自由に歩き、心のままに旅してゆけること。そこには普段の社会生活（あるいは家庭生活も？）の束縛から解放されて、本当にやりたいことを楽しんでいる姿がある。また、多くのソロ登山者が感じているのは、

ソロのほうが出会った人と素直に交流できることだ。パーティは仲間でまとまってしまいがちだが、ソロだとほかの人と話しやすいという。

しかしながら、ソロ登山のこのユルさ、気ままにできるやり方は、一歩誤れば遭難の危険につながる。初心者、ベテランを問わず、リスクへの意識が低い人は、事前にきちんと登山計画を立てなかったり、一応計画を立てても登山中の気分で簡単に変更する、または計画は形ばかりで、実際は山にいるときの気分でルートを決めている、そんなソロ登山者も多いのではないだろうか。

人間はミスをする生き物だ。パーティ登山であれば、メンバーのミスをほかのメンバーが指摘し、協力して対処できる。登山中にはそのような場面がたくさん起こるが、ミスを犯しなが

ソロ	パーティ
〈メリット〉	〈メリット〉
自分のペースで歩ける	遭難したとき通報がしやすい
自由に行動、休憩できる	アクシデントに協力して対応できる
登山計画が簡単にできる	共同装備や費用を分担できる
計画や行動が慎重になる	判断が必要なときに話し合いができる
	ペースや行程を管理しやすい
〈デメリット〉	〈デメリット〉
遭難したときに発見されにくい	全体のペースに合わせる必要がある
アクシデントのときに対処が困難	集団のため、自由な行動が制限される
道迷いの際、気づくのが遅れる	スケジュール調整に手間がかかる
装備や費用を分担できず負担が大きい	全員分の装備・食料の準備が大変
マイペースのため行程が遅れがちになる	パーティ内の上級者に頼りがちになる

らもそれがアクシデントにならないよう、すぐに対応しリカバリーをして事なきを得ている。逆に、対応を誤っていくつものミスが重なったなら、それはアクシデントに発展していくだろう。

ソロ登山の場合は、ミスに気づくのも自分、ひとたび危機の入り口に立ってしまったとき、ひとりということは数段厳しく、ときには危険を伴うものだ。ソロ登山をする人の多くが、この点に気づいて不安を感じていることを、「ヤマケイオンライン単独行アンケート」P33、38の（2016年実施）の調査結果は示している。

ソロとパーティの違い

計画から実際の登山、緊急時の対応まで、全部をひとりで考え、判断し、行動するのがソロ登山。それに対してパーティ登山は、参加者で話し合って計画を立て、登山中はリーダーが中心になって判断し行動する。イレギュラーな場面ではメンバー間で話し合い、ルート変更や登山中止を決めることもある。

パーティ形式は登山中の安全を確保するために考えられてきた方法で、危険な場面では協力して切り抜けられる。ソロ登山はひとりで全部対処しなくてはならない。この点が最も大きな違いだろう。

重大化しやすいソロ登山の遭難

パーティ登山よりもソロ登山のほうが危険ということは、遭難のデータに明確に表われている。遭難者総数に占めるソロ登山の割合は４割程度だが、死亡・行方不明の事例が多い。Ｐ35の円グラフのように、全国の遭難死亡者のうち約60％が単独行だった、というのは恐ろしいデータだ。

なぜソロ登山が危険かは、あらためて説明するまでもないだろう。ひとりだけの注意力では登山中のミスを早期に発見・修正しにくい。また、遭難発生後も当事者ひとりだけなので、効果的なレスキューができにくく、状況を悪化させてしまうことになる。

典型的な事例を考えてみると、登山道から谷

8割の人が不安を感じている

登山者のうち8割もの人が、ソロ登山をするときに不安を感じている。そして、その不安の内容は、大半が遭難事故または遭難未遂などのトラブルが起こったときに、ひとりでは有効な対策がとれないのでは？　というものである。

不安の具体的な内容は左の図からうかがうことができる。遭難時全般の対応が不安というものと、転・滑落、ケガ、道迷い、病気・体調不良、クマなどとの遭遇、悪天候というように、個々の遭難要因への不安が挙げられている。ソロ登山の人はよりリスク意識が高いともいえる。

ソロ登山をするとき、不安はありますか？

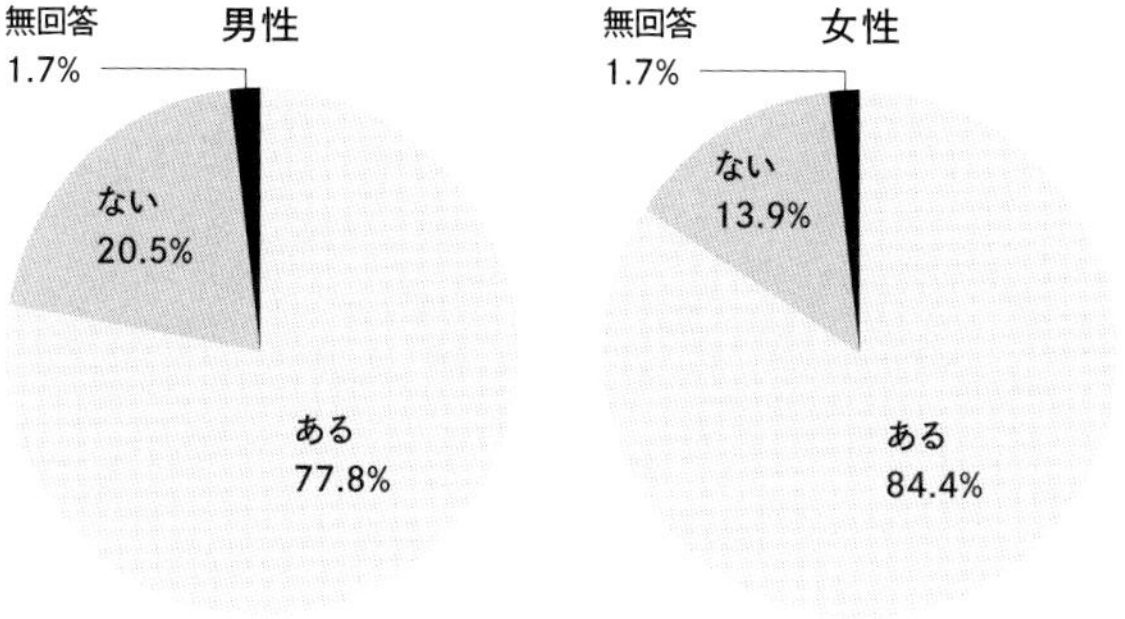

二択での質問に対し、男性の約78％、女性の約84％が「不安あり」と答え、やはり女性のほうがソロ登山に不安を感じる人が多い。男女合計では79.4％がなんらかの不安を感じており、ソロ登山は〝不安がいっぱい〟といったところ。回答者は男性924人（約76％）、女性288人（約24％）だった。

ソロ登山をするとき、どんな不安がありますか？

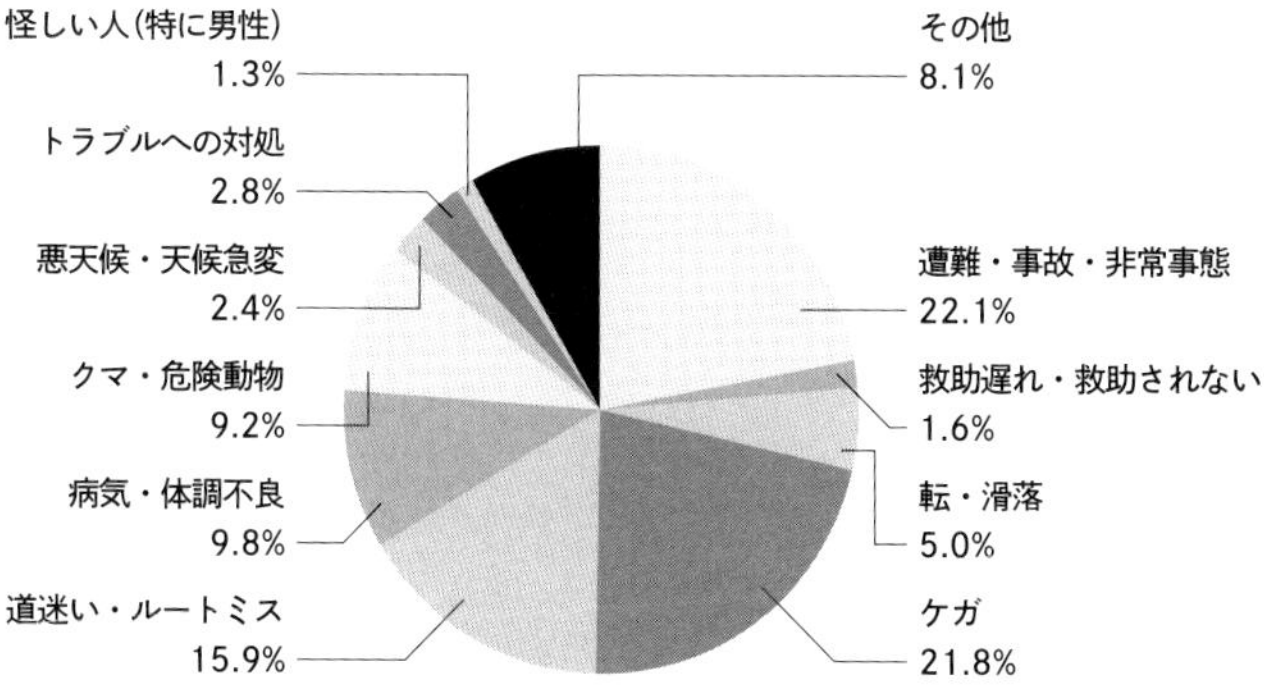

自由記述による回答を項目別にまとめて集計したもの。「遭難・事故・非常事態」は、遭難事故発生と同じ意味ととらえて1項目とした。ソロ登山のとき感じている不安は、多くが遭難発生に対するものであることがわかる。

底へ滑落して動けなくなった場合。谷筋では携帯は通じず、登山計画書は出していなかった。こうなると発見・救助されるのは運次第となる。骨折程度なら、本来はすぐに通報すれば助かるのだが、通報できないために救助が遅れ、最悪、死亡事故にもなりかねない。このような単独遭難の事例は繰り返し起こっている。

登山は山を歩く楽し

ソロ登山遭難が重大化しやすい理由

パーティ登山は、行動中複数のメンバーが、常に注意を払い、互いにミスをチェックできる。ソロ登山はこのような相互チェック機能がなく、ひとりだけの自己判断になる。特に遭難初期は異常事態にあることを認めず「遭難ではない」と考える心理傾向があるため、危機の認知が遅れてしまう。遭難後は、負傷するか精神的に追いつめられた状態で通報から応急処置、生還への努力まで行なわなくてはならない。ソロ登山はあらゆる面で危機対応が遅れがちになるため、事態を悪化させてしまう。

①リカバリーが困難
疲労・体調不良などで歩けなくなっても、他者の介助を受けられず、自分で回復するのを待つしかない。道迷い状態のときには、ソロだと気づくのに遅れて状況を悪化させてしまう。

②セルフレスキューが難しい
パーティの場合は事故者以外の全メンバーが協力してレスキュー行動をする。ソロの場合は事故者本人しかいないという異常な状況のため、セルフレスキューは非常に困難になる。

③救助要請できないことも
事故現場が携帯の通信圏外で通報できず、事故者が負傷して動けない状態のとき、救助要請は不可能でそのまま救助を待つしかない。ソロ登山でこういう遭難事故は多く起こっている。

遭難者数・死亡者数に占めるソロ登山者の割合（全国）

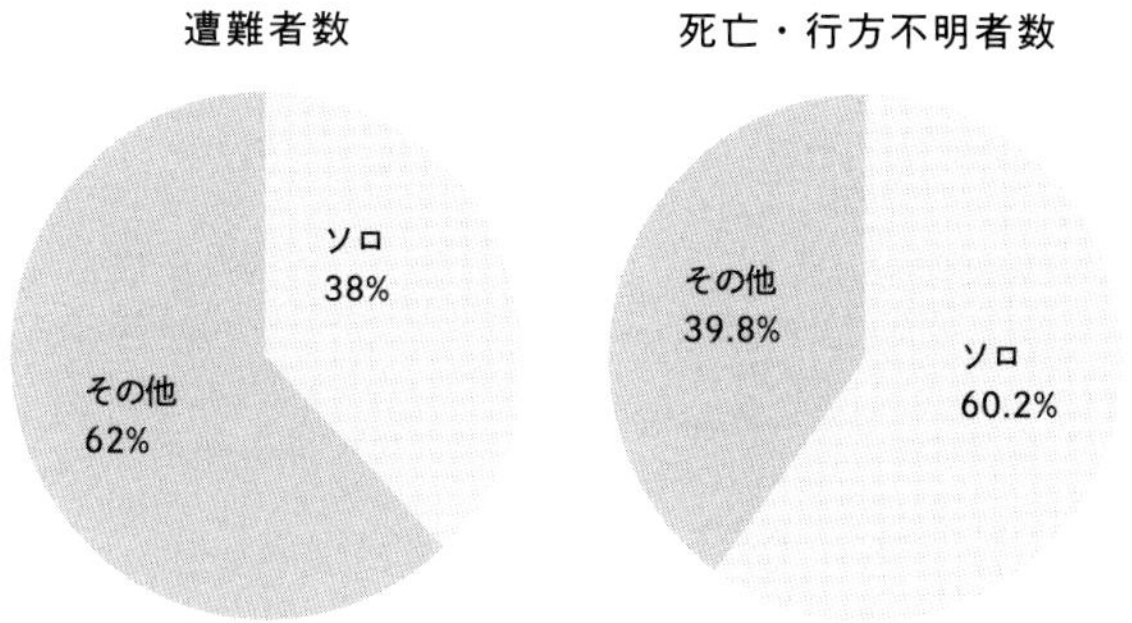

全国では2019年、遭難者総数2937人のうち、ソロ登山の遭難者は1117人（38％）、3分の1以上を占めた。死亡・行方不明者数で比較すると、総数299人のうちソロ登山の遭難者は180人（60.2％）と、比率が大幅に高くなっている。ソロ登山は死亡遭難の危険がいかに高いかを表わす。

遭難者数・死亡者数に占めるソロ登山者の割合（長野）

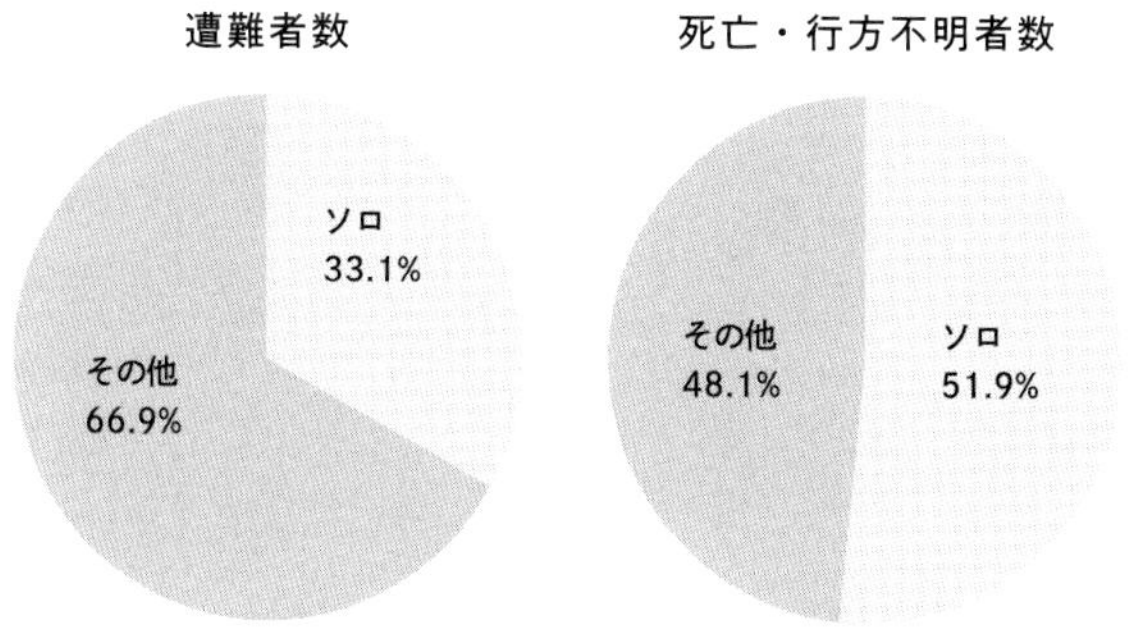

長野県では2019年、遭難者総数290人のうち、ソロ登山者は96人（33.1％）。死亡・行方不明者数で比較すると、総数27人中ソロ登山は14人（51.9％）。全国ほどではないが、ソロのほうが死亡遭難の危険が大きい。ソロ登山遭難者6.8人に1人が死亡している（パーティは14.9人に1人）。

みだけでなく、危険に立ち向かい遭難を回避することも含まれる。そのためパーティ登山という安全な方法を先人は採用してきた。ソロ登山は自由で快適だが、遭難に対しては弱い登山方法なのである。

ソロ登山の不安やリスクを軽減する

ソロ登山のリスクを軽減するために、次の3つのことに注意するとよい。

第1に、グレード感覚を身につけるよう努力する。目標とする山・ルートのグレードを正確に把握して、自分のグレードより1〜2階級下のルートに挑戦するようにしよう。正しいグレード感覚をもつことは、安全登山を実行するために不可欠だ。

第2に、登山技術を向上させるよう努力する。すぐに学べる項目としては、気象知識、地形図の使用方法、救急法がある。基本的な歩行技術や山での行動技術は、装備の使い方とともに、実際に山を歩くなかで身につけていこう。ソロ登山者がレベルアップできる技術として、クライミングとロープワークの技術がある。登山ジャンルをクライミング、沢

不安やリスクを軽減する3つの方法

①グレードに注意

グレードは現在10県で公開されているが、10県以外のルートでも、同じ基準を適用してグレードを判断することができる。自分がどれぐらいのグレードに挑戦できるかの「自分グレード」も把握する必要がある。ギリギリいっぱいのルートに挑戦するのでなく、余裕をもって楽しめるように調整すれば、ソロ登山のリスクも軽減される。

②登山技術の向上

山岳会などで学べる総合的な登山技術に比べると、ソロ登山を通じて経験する登山技術は一面的なものになりがちだ。いろいろな機会を利用し、できるだけ幅広い人の意見を聞きながら、技術向上をめざしていくとよい。気象、読図、ファーストエイド、ロープワークなどは講習会で基礎を学び、登山経験のなかで身につけていきたい。

③遭難への備え

事前に登山計画を立てて登山のアウトラインを決める。遭難対策として家族などの「緊急連絡先」を設定し、何日何時を過ぎても下山連絡がなかったら通報してもらう、と決めておく。以上を記載した登山計画書（登山届）を緊急連絡先に残し、所轄警察署などにも出しておく。ツエルト、ファーストエイドキットなどの緊急用装備を持つことを習慣づけよう。

登り、雪山へと発展させてくれる技術でもある。これらは独学ではなく、専門家の指導を受けて確実に学んでほしい。クライミングの技術をある程度マスターすると、転・滑落、転倒、落石などのリスクが大幅に軽減される。

第3に、自分でできる遭難対策を完全に行なう。きちんと計画を立てることに始まり、計画書提出（登山届）で登山前の対策が完了する。ツエルト、携帯電話、救急用具などを用意し、使い方も調べて身につけておく。

のむら・ひとし／登山・自然関係のライター・編集者。山岳遭難分野に詳しく、『もう道に迷わない』（ヤマケイ新書）などの著書がある。日本山岳文化学会（遭難分科会）会員。

ソロ登山をするとき、不安がありますか？／経験年数別

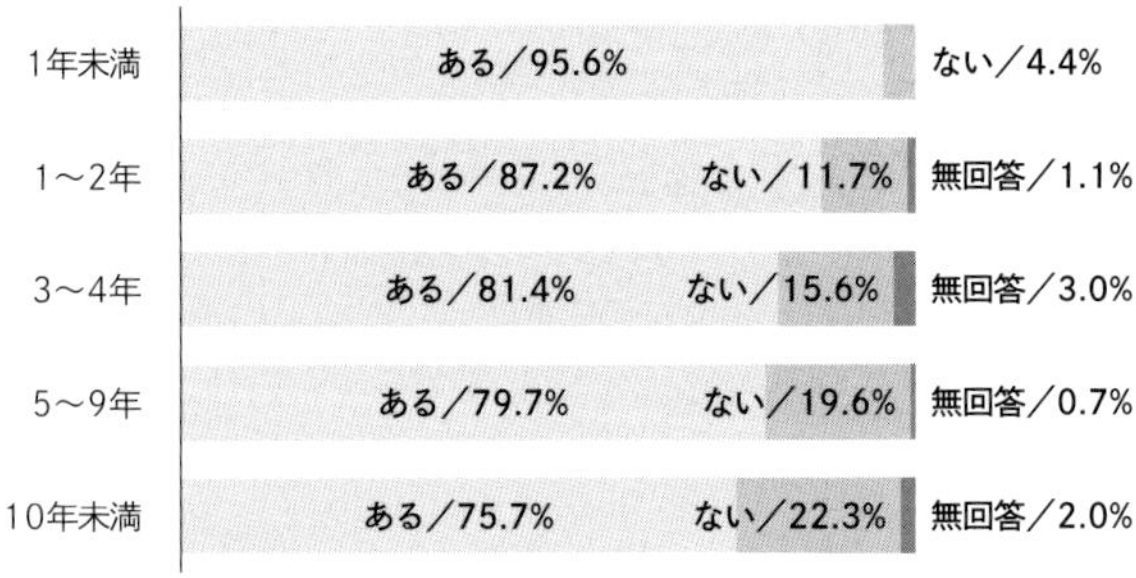

登山経験年数が増すごとに「不安あり」の回答者比率が低くなるが、最終的に約76％が下限となっている。長い登山経験でも多くの人はソロ登山に不安を感じている。逆に「不安なし」と答えた約22％の人は、どんな理由から不安がなくなったのだろうか。そこにソロ登山の不安を軽減できるヒントがあるかもしれない。

第2章

ソロ登山の技術

解説

ソロ登山のプランニング

ひとりでも安心して登るためには、どのように登山計画を立てるべきか。ルートを明確にイメージし、自分の実力に見合った等身大のプランを立てよう。

知恵⑦

実力に合ったプランを練る

――東 秀訓（石井スポーツ登山学校事務局長）

ソロ登山は、プランニングからひとりで行なわなければならない。登山計画に不安があるということは、自分の力量が判断できず、自分に合った山を選べていない可能性が高い。それゆえ、今の自分に何ができるのかを、冷静に判断することが必要だ。自分の力量に見合った山を選べたなら、ある程度、不安を緩和することができる。

ソロ登山者がプランニングで抱える悩み

計画時に楽観的にルートやコースタイムを考えてしまう

途中でへばったときに助けてくれる仲間がいないのが怖い

どれくらいのレベルの山を選べばいいのかわからない

途中で心細くなることがあるので人の多いルートしか行かない

計画を立てても、何かあったときに適な判断ができるか不安

パーティ登山とソロ登山で計画づくりの違いがわからない

ひとりで歩くと計画したコースタイムより早かったり遅かったりする

ソロ登山だと登ったことのある山ばかりを計画しがちになる

見極めなければならないのは、体力と技術。ソロ登山の経験が少ないのであれば、パーティ登山での経験を見つめ直し、一日に何時間歩けるのか、地図は読めるのか、自分の登山力を総ざらいしてみよう。その上で、過去のパーティ登山よりも行動時間を短めに設定するなど、体力的に無理のないプランニングを考えることが重要だ。「ソロ登山は、いわばひとりパーティのリーダーになるということです。自分の体力と技術を客観的に判断し、自分に合ったルートを選び、リスクを想定するといったすべてのことをひとりで行なわなければなりません。そうすることが、登山への意識を高めると同時に、登山力のレベルアップにつながります」

　プランニングの質を上げるには、「経験」「体力」「リスク」「情報」の4つの要素がとなる。

そのなかでも、束さんは「経験」が特に重要だと言う。「経験があればあるほど、計画段階でルートの難度やリスクをイメージしやすくなります。たとえば、森林限界を越えるルートに行ったことがない人は、森林限界より上のリスクをイメージしづらいです。しかし、森林限界より上で雨風がひどく低体温症の恐れが高い状況を経験した人なら、そのリスクについて具体的にイメージできます。プランニングでは、こうした経験に基づく情報を生かすことがポイントです」

　経験が多ければ、未経験の山域でもガイドブックなどの情報だけ

経験

岩場、雪渓など難所の歩行技術は充分か
予定しているエリアに登ったことがあるか

体力

そのルートを登るためのスタミナがあるか
自分が何キロまでの荷物を背負って歩けるか

リスク

リスクを理解し、正しい判断ができるか
自力下山または救助要請が可能か

情報

ルートの特徴などの情報を得られるか
最新の情報はどうなっているか

「コース定数」で自分に合ったルートを見つける

── 安藤真由子（健康運動指導士）

これまでのガイドブックは、体力度を3〜5段階の難易度で表示するのが一般的だったが、「コース定数」を用いれば、より詳細で客観的な体力度の指標を示すことができる。コース定数は「コースタイム」「実際に歩く距離」「登りの累積標高」「下りの累積標高」の点から算出され、ルートの特徴を1〜100程度の数値で表わせる。

「登ったことのあるルートと、登りたいルートのコース定数を比べることで、過去の経験を数値化し、きつさを把握できます」

体力が切れてふらついたり、コースタイムから著しく遅れたりする登山は、ルートが自分の体力に合っていない証拠だ。過去の登山から体力的に無理のないコース定数を把握し、その数値以下の山を選ぼう。定期的に同じくらいのコース定数の山に登ることで、前回に比べて体力がついた、体力が落ちたと判断できるのもコース定数の長所だ。ただし、天候の変化などにより、体力的なきつさは変わるので注意しよう。

コース定数の算出方法

時間の要素		距離の要素		
1.8×行動時間(h)	＋	0.3×歩行距離(km) ＋ 10.0×登りの累積標高(km) ＋ 0.6×下りの累積標高(km)	＝	コース定数

コース定数の目安

10前後	体力的に易しく初心者向き
20前後	一般的な登山者向き
30前後	日帰り登山の場合、健脚向き
40以上	1泊以上の登山計画が必要

日本百名山の代表的なルートをコース定数で比較

コース定数を比べると、体力度にどれくらいひらきがあるのか明白だ。
このルートを歩くには1泊しないと体力的に厳しいなど、計画もイメージしやすい。

富士山(3776m)	コース定数	御殿場口新五合目～剣ヶ峰山頂(往復)/1泊2日　(15.4h)
	60.1	実際に歩く距離=21.1km　登りの累積標高=2.45km 下りの累積標高=2.45km
奥穂高岳(3190m)	コース定数	上高地～涸沢～奥穂高岳(往復)/2泊3日(17.7h)
	64.8	実際に歩く距離=36.6km　登りの累積標高=2.08km 下りの累積標高=2.08km
槍ヶ岳(3180m)	コース定数	上高地～横尾～槍ヶ岳(往復)/2泊3日(20h)
	70.3	実際に歩く距離=39.1km　登りの累積標高=2.13km 下りの累積標高=2.13km
聖岳(3013m)	コース定数	聖沢登山口～聖平～聖岳(往復)/2泊3日(15.6h)
	62.3	実際に歩く距離=20.8km　登りの累積標高=　2.64km 下りの累積標高=2.64km
水晶岳(2986m)	コース定数	高瀬ダム～野口五郎岳～水晶岳(往復)/3泊4日(23h)
	86.3	実際に歩く距離=28.3km　登りの累積標高=3.44km 下りの累積標高=3.44km
金峰山(2599m)	コース定数	大弛峠～金峰山(往復)/日帰り(4.5h)
	14.5	実際に歩く距離=8.2km　登りの累積標高=0.37km 下りの累積標高=0.37km
大菩薩嶺(2057m)	コース定数	ロッヂ長兵衛～大菩薩嶺～大菩薩峠～ロッヂ長兵衛/日帰り(3.5h)
	14.1	実際に歩く距離=7.4km　登りの累積標高=0.53km 下りの累積標高=0.42km
雲取山(2017m)	コース定数	鴨沢～七ツ石山～雲取山(往復)/1泊2日(9.7h)
	42.3	実際に歩く距離=23.7km　登りの累積標高=1.67km 下りの累積標高=1.67km
谷川岳(1963m)	コース定数	天神平～谷川岳トマの耳(往復)/日帰り(5.2h)
	18.6	実際に歩く距離=6km　登りの累積標高=0.7km 下りの累積標高=0.7km

で、過去の自分の山行と照らし合わせ、どれぐらいの体力が必要か、どんな地形的特徴があるか、それに伴うリスクは何かをイメージできるようになる。自分の経験を基に情報を検証し、4つの要素を最終的な登山計画に落とし込むことがプランニングのコツだ。

ソロ登山の経験を積む

登山ルートの難易度は、体力的難度、技術的難度、気象の厳しさで示されるが、ソロ登山では、トラブルが発生したときに頼れる場所や登山者が近くにいるかも難易度を左右するポイントだ。「たとえば北アルプスの北穂高《きたほたか》岳などの人気ルートと、奥秩父《おくちちぶ》の和名倉《わなくら》山などのマイナールートでは、難しさやリスクの考え方が異な

奥秩父・和名倉山
などの場合

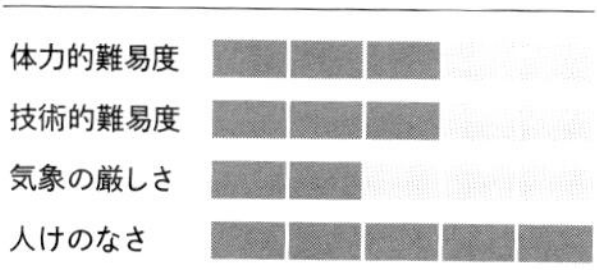

北アルプス・北穂高岳
などの場合

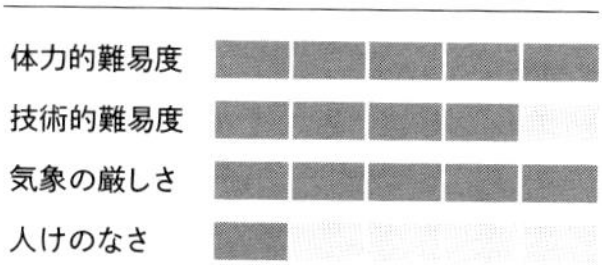

ります」と東さん。北アルプスでは、岩場の歩行や険しい登りなど、体力的、技術的難度が高く、森林限界を越えることもあって気象条件は厳しい。しかし、歩行ルートはペンキで印が示され、同じルートを歩く登山者も多いので、ルートファインディング能力が高くなくても歩けてしまうことがある。また、非常時には登山者に助けてもらえる可能性もある。

一方、和名倉山の秩父湖側からのルートなど、登山地図では破線で示されるマイナールートでは、岩場の歩行といった難所はなく、森林限界を越えないので気象条件もそれほど厳しいわけではない。しかしながら的確なルートファインディングが必要で、非常時に誰かに助けを求めるのは不可能に近い。「登山者の少ないエリアでは、誰かの後についていくという受動的な行動はできません。登山道が不明瞭な箇所もあり、こまめに読図を行なう必要があります。北アルプスの岩稜歩行とは違った難しさが中低山にはあります」

ルートファインディングなどに不安があるなら、登山者の多い人気ルートを選ぶことで安全につながる。一方、総合力を上げるトレーニングとしてソロ登山をするなら、自分の力だけが頼りとなる中低山が最適だと言える。

ソロ登山に適した、おすすめのルートとはどんなルートだろうか。「ソロ登山だからこそおすすめのルートがあるとすれば、人けの少ない山で読図技術を駆使したり、険しい岩場など高い歩行技術が求められたりといった、ひとり歩きの楽しさや難所を乗り越えたときの充実感を得られるルートだと思います。私もソロ登山のときは、登山地図の破線ルートのようなアドベンチャー感のある山登りに挑んでいます。もちろん、自分の技術なら問題ないとわかっているからですが」と東さん。

登山者の多い手軽なルートで経験を積むことはもちろん重要だが、ソロ登山のデメリットばかりに目を向け、初級レベルの山やルートだけ登っていては、総合的な登山力は磨けない。

「ルート探しのヒントは登山地図や地形図をよく観察することです。登山道が破線だったり、登山口までのアプローチが厳しかったり、高低差が大きくコースタイムが長かったりといったルートは、自分の実力を試せるチャンスです。もちろん、その分、リスクが高くなるので注意してください」

数値情報と最新情報でルートを具体的にイメージ

歩くルートが決まったら、山行に必要な情報を集め、歩くルートの情報を具体化していく。

「行程距離、コースタイム、累積標高といった数値情報や、危険箇所、アプローチの方法、気象状況などの最新情報は、ルート状況やリスクを具体的にイメージする上で便利です。また、ソロ登山ではこれらの情報に加えて、リスクを意識した情報収集が重要です」

ソロ登山での難度を左右する登山者数や営業山小屋の有無は押さえておきたい情報だ。さらに東さんは、携帯電話の通信エリアかどうかを必ずチェックするという。

「通信会社のウェブサイトにある『サービスエリアマップ』などで電波の入るエリアを確認できます。電波の入らないエリアや谷地形でも、どこまで移動すれば連絡できるかを事前に把握しておくことで、緊急時に役立ちます」

また、情報を得る手段として、雑誌やガイドブック、地形図や登山地図、ウェブや登山記録投稿サイトなどがあるが、性質の違いを理解しよう。

「ガイドブックだけ、登山記録投稿サイトの情報だけではどちらも不十分です。また、登山記録投稿サイトでは、主観的表現は無視して客観的事実だけを参考にしてください。大切なのは、基本的なルート情報と今現在の最新情報を組み合わせて、より質の高い登山計画を作り上げていくことです」

ソロ登山の場合は、予定どおりに行動が進ま

雑誌やガイドブック
行程距離やコースタイム、累積標高、危険箇所など、紹介されている登山コースの基本情報を得られる

登山地図
ガイドブックにないコースの計画を立てたり、ルートの全体像を把握したりするのに適している

なかった場合の検討もしておく必要がある。

「目的地への到着時間が大幅に遅れそうな場合は、往路を引き返す、または分岐があれば山麓に下れるルートに変更するといった判断が一般的です」

ただし、経験が少ないうちは進むべきか、引き返すべきか判断に悩むこともあるだろう。こうした状況を避けるため、プランニングの段階でルート上のいくつかのポイント（分岐点や避難小屋、ピークのひとつなど）に、撤退を判断するデッドラインの時刻を設定し、登山計画に書き込んでおこう。予期せぬアクシデントで行動時間が遅れると、焦りでトラブルが続く場合もある。余力のあるうちに撤退判断をしよう。

「また、登山地図の破線ルートは山麓に下れそうに思えても、どんなルートかわからず、かえって体力を消耗する可能性もあるので、避けたほうが無難です」

ひがし・ひでのり／石井スポーツ登山学校事務局長。高等学校教諭、国立登山研修所専門職を経て現職。ソロ登山では登山道の不明瞭な破線ルートなど、マイナーな道を好む。

ウェブの情報

天気や現地の最新情報を得るのに最適。ただし、登山記録投稿サイトは、主観的内容もあるので注意が必要

解説

ソロ登山者の装備

ソロ登山では、全装備とともにリスクもひとりで背負うことになる。適切な装備を選び、使いこなす「必要を見極めること」が重要だ。

知恵⑧

山行に見合った装備選び

――山下勝弘（国際山岳ガイド）

ソロ登山の装備を考えるとき、意識すべきは「すべてをひとりで処理する」という現実だ。ソロ登山では行動中の判断、すなわち天候の見極めや読図、進退の決定から、忘れ物や装備不良が発生したとき、さらには事故を起こして最悪遭難した場合でも、ひとりで対処しないといけない。

「ソロ登山では仲間に頼ることができないため、自分の居場所を把握し、状況を知らせるためのアイテムや、ケガや急病などのアクシデントを想定して緊急時に対応するための装備を充実させる必要があります」。これらを踏まえた上でソロ登山の必須装備を具体的に考えると、スマートフォン、紙の地図、GPS（地図アプリ）、高度計、ファーストエイドキット、ツエルト、ヘッドランプ、予備電池もしくはバッテリーなどが挙げられる。

この大前提を踏まえた上でさらに考えたいのが「山行に見合った装備」と「軽量化」についてである。「いつも同じ装備を準備するのではなく、山行内容と照らし合わせて、本当に必要な道具を考える柔軟性が大切です。また、ソロ登山ではすべての装備をひとりで背負わないといけないため、体力に自信がなければ、自ずと各アイテムの軽量化が必要になります」

山登りの入門書などに書かれている基本装備一式をそのまま準備するだけだと、山行によっては過剰、もしくは不足することもある。

「ある程度登山経験を積んだら、荷物を減らす、または追加するという柔軟な考え方も、山行に見合った適切な装備を見極める上では大切になります」

山登りを始めたばかりの初心者に多く見られるのが、水分、食料、衣類の過剰準備だ。これらは実践を重ねることで自分にとっての適量がわかり、自然と軽量化されるはずである。装備を兼用できるか考えることも軽量化につながる。たとえば、アルファ米の袋を食器として使えばクッカーを減らせるし、箸があればスプーンやフォークは不要な場合が多い。防寒着を着込むことを考慮すれば、中綿量が少ない寝袋を選んで軽くするのもありだ。意図的にアンテナを張って、最新の道具情報をキャッチすることも有効である。道具の進化は軽量化の追求ともいえる。ただし、安易な軽量化は危険だ。

「装備の不足は命取り。必要なものを省く軽量化にならないように注意しましょう」

道具は使いこなしてこそ意味がある。手元にあるすべての道具を、自信をもって扱えると言えるだろうか。なかでも再確認してもらいたいのが、緊急時にしか出番がない装備だ。例えばツエルト。持ってはいるが、袋から出したことがないという人は意外と多い。

「購入したら山行前に一度でも広場などで試すべきです。ファーストエイドキットも、緊急時の対処法を講習会などに参加して学んでおきましょう」

使い方を習得しても道具が壊れてしまっては意味がない。使用後は汚れを落とす、乾燥させるなど、メンテナンスも忘れずに。長期間保管していた場合は経年劣化している可能性が高いので、特に注意する必要がある。頻繁に使用していても、ライトは点灯するか、登山靴のソールが剝がれていないかなど、毎回チェックするといい。山中の不要なトラブルを事前に回避する癖をつけておこう。

やました・かつひろ／国際山岳ガイド連盟国際山岳ガイド。国内外のガイド業経験多数。登山者に対するソロ登山の講習会で講師も務め、安全登山の啓発に当たっている。

知恵⑨

登山ガイドの緊急対策ギア

――木元康晴（登山ガイド）

山のガイドは、山でのトラブル回避のためにどんな装備を持っているのだろうか。登山ガイドの木元康晴さんにソロでもパーティでも、個人山行でもガイド登山でも、どんな登山にも必ず携行する装備を見せてもらった。

木元さんは、かつて厳しいビバークを3度もした経験から、持つべき装備が見えてきたという。基本的ギアは18点。アクティビティや季節で多少増減はするそうだが、いずれもいざというときに備えて選び抜かれたものばかりだ。山で起こりうる危機的状況はそれこそ無数にあり、リスクを100％排除しようとすると装備が増えがちだ。だが、必要以上に装備を携行すると体力消耗につながり、それが別のトラブルを引き起こす要因にもなり得る。

木元さんのアイテム選択は、9割以上の危機的状況に対処できつつも、携行品の数、重量を極力減らしている。そのコツは、ひとつのギアで複数の使い方ができるということだ。ただし、ここで紹介した18点が絶対というわけではない。岩稜ルートに行くなら「ヘルメット」「ロープ」が必要だし、雪山であれば「ショベル」や雪崩対策用品も必要だ。目的地やスキルによって、何が必要か、常に自分で考え抜くことが大切だ。

きもと・やすはる／日本山岳ガイド協会認定登山ガイドステージIII、山岳ライター。かつては山岳救助にも携わり、何度も遭難現場に出向いた。マッターホルンでビバークしたこともある。

登山ガイド　木元康晴さんの緊急対策ギア

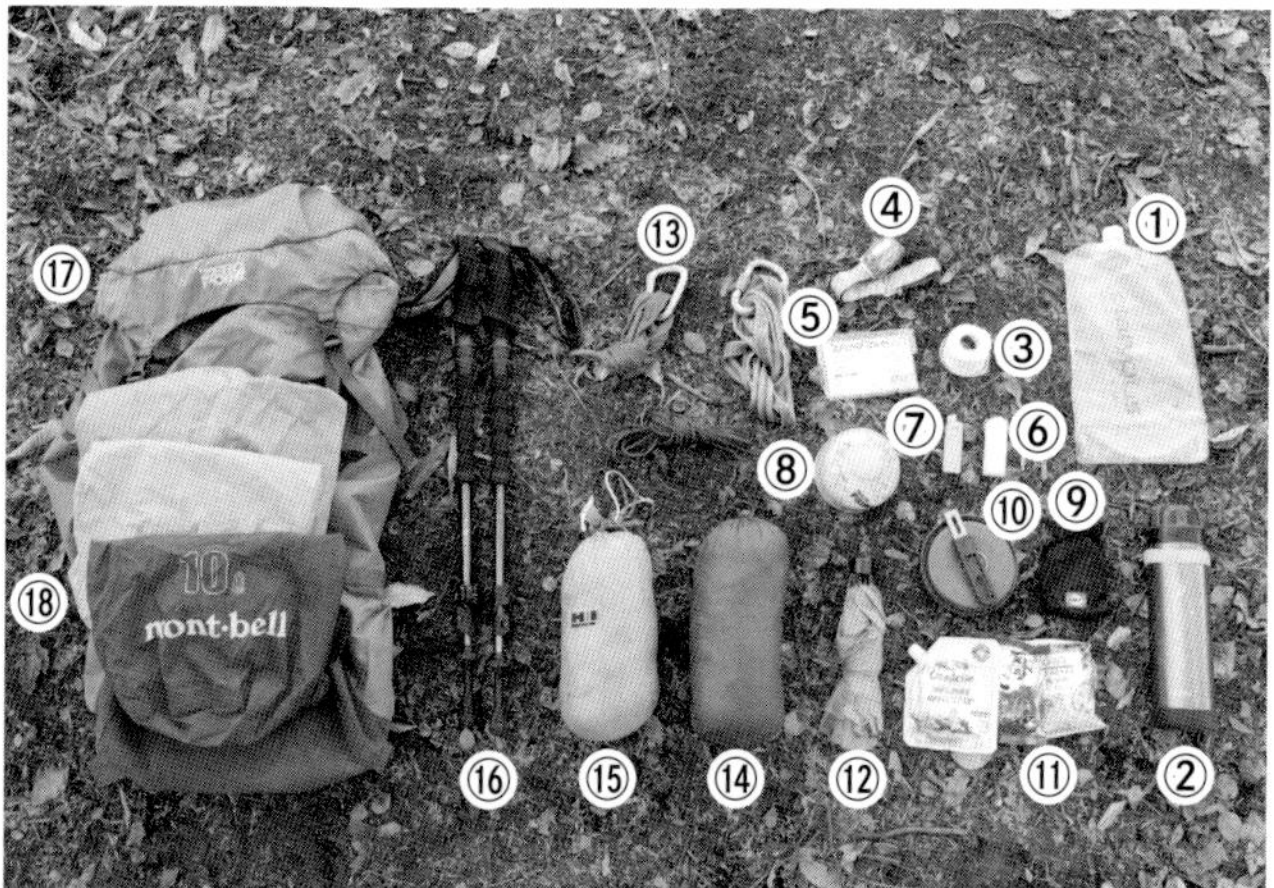

① 水袋（ハイドレーションパック）
行動中に飲む水筒以外に、水袋も必ず持つ。危機的状況が迫ってきたら水の有無が生存の決め手になるため、入手できる場所ですぐに水を確保する

② 保温ポット
バーナーがなくても熱いお湯が飲めて、極寒のときはありがたい。保温ポットは、秋から春にかけては特に持っていたいアイテムだ

③ テーピングテープ
本来は捻挫の患部固定などに使うものだが、切り傷をふさぐ、登山靴のソール剝がれの修理に使うなど、山での用途が広い。火おこしの着火剤としても使える

④ ヘッドランプ
明るいライトがあれば日没後も行動できるし、ビバーク中も大いに役立つ。両手が自由になるヘッドランプは必携アイテムだ。予備の電池とともに、絶対に欠かせない

⑤ エマージェンシーシート
山での危機対応時に重要なのは「保温」。ビバーク時はじっとしているので体温保持が難しい。ツエルトはもちろん、エマージェンシーシートも必ず1枚持参したい

⑥ ロウソク
行動やシグナルに使うヘッドランプは電池消耗を避けたいので、照明にはできるだけロウソクを使う。ツエルト内の暖房にもなり、ビバーク時には心強いアイテム

⑦ ライター
オーソドックスな発火石を使った100円ライター。電子着火式は、標高が上がると着火しないことが多いからだ。濡らさないよう、防水パックも必携

⑧ ガスカートリッジ
110gのカートリッジは、弱火なら一晩は燃やし続けることができる。冬はガスが冷えて燃焼効率が悪くなるので、寒冷地用カートリッジやカートリッジカバーを使いたい

⑨ バーナー
湯沸かしや調理用だけでなく、手を温めるストーブにもなる。バーナーの着火装置は高山では着火しないことがあるので、ライターやマッチも持参する

⑩ クッカー
熱い飲み物を作るにはクッカーも必要。温かい飲み物は体温保持に役立ち、心理的にも落ち着ける。特に紅茶やウーロン茶、ココアなどは体を温める効果があるといわれている

⑪ 非常食
いざというときのために、軽くて高カロリーな食料が多めにあると安心だ。当然ながら行動食は別に用意する

⑫ 折りたたみ傘
山で歩いている最中に使うためというより、休憩時やビバーク時に使うために携行。ツエルトをかぶって中で傘を広げれば、ビバーク時も快適

⑬ スリング＆カラビナ
簡易型のチェストハーネスを作るためにスリングとカラビナのセットを持っている人も多いだろう。立ち木などを利用してツエルトを吊るのにも流用できる

⑭ 防寒着
10〜4月は薄手のダウンジャケットを携行する。安価な製品もあるが、性能を考えれば登山メーカー品がベストだ。濡れると使えないので、必ず防水スタッフバッグに収納する

⑮ ツエルト
複数人数でのビバークに対応するため、4人が座って入れる大きめのツエルトを携行。充分に雨風をしのげるよう、軽量タイプではなく厚手のものを選んでいる

⑯ トレッキングポール
ツエルト設営時の支柱として使えるだけでなく、脚の故障予防になり、ケガをした場合の杖としても役立つ

⑰ ザック
装備に合わせてジャストサイズのものを選びがちだが、ビバーク時に足を中に入れたり、マット代わりに敷いたりするため、大きめを携行する

⑱ 防水スタッフバッグ
枚数を多めに持つ。ザックは荷物を出してマットや足入れにするので、中の荷物は防水のスタッフバッグに入れて濡れないようにする。枕としても使える

解説

歩行技術

余裕をもって、安全に歩き通すために見直したい歩行技術。安定感があり、ダメージを最小限に抑える正しい歩き方を身につけたい。

知恵⑩

歩き方をリニューアルする

――小川壮太（プロトレイルランナー）

体に負担をかけず、安定した歩き方を習得できれば、ソロ登山はもっとラクで楽しくなる。とはいえ、ただでさえ負担の大きい登山中に〝こう歩け〟と言われても、正直言って無理。キツい状況でいつもと違うことをするのは難しいのだ。だから、今日から歩き方をリニューアル。普段でも正しく歩けている人は少ない。まっすぐな軸をつくって、骨格で立つことから始めよう。常に意識して、体に染み込ませることが大切。身につけばそのまま山の歩きがラクになる。

　スタートは左の写真の正しい姿勢。軸と重心は常に意識していたい。そして、歩行は脚だけを動かすのではなく、重心と軸を移動させることだと、概念をチェンジ。体の後ろ側の筋肉を使って体を押し出していくようにしよう。前脚を踏み出したら、着地から重心移動の一瞬のタイムラグで接地面の状態を確認する。滑る、グラつくなど不安定要素があれば、バランスを補正したり、重心を

まずは正しい姿勢をチェック

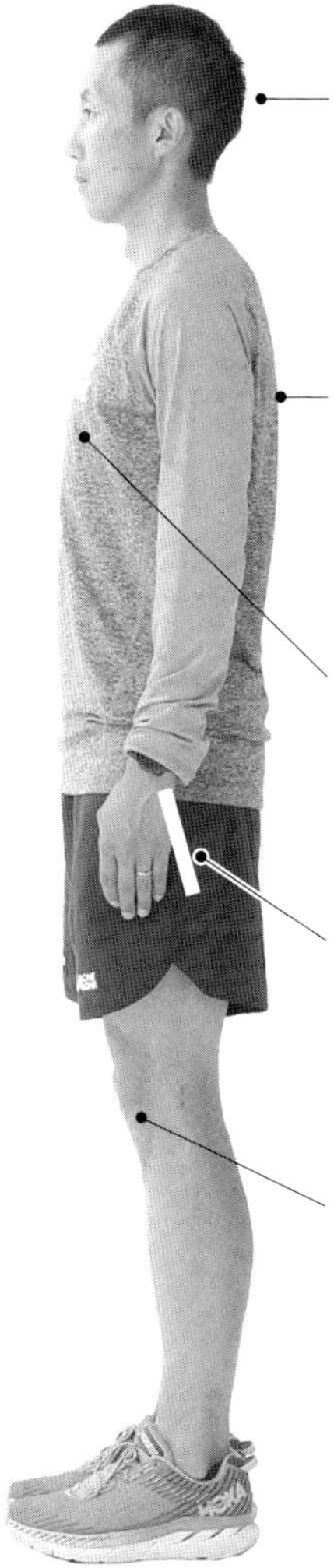

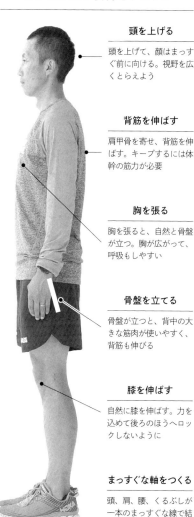

頭を上げる
頭を上げて、顔はまっすぐ前に向ける。視野を広くとらえよう

背筋を伸ばす
肩甲骨を寄せ、背筋を伸ばす。キープするには体幹の筋力が必要

胸を張る
胸を張ると、自然と骨盤が立つ。胸が広がって、呼吸もしやすい

骨盤を立てる
骨盤が立つと、背中の大きな筋肉が使いやすく、背筋も伸びる

膝を伸ばす
自然に膝を伸ばす。力を込めて後ろのほうへロックしないように

まっすぐな軸をつくる
頭、肩、腰、くるぶしが一本のまっすぐな線で結ばれているのがベスト

後ろ脚に戻したりといった対応を。この段階を経ず一気に前足に荷重すると、転倒や捻挫につながりやすく、ダメージも大きくなってしまう。重心を寄せていき、完全な移動は前足の真上に。ここで、まっすぐな軸を再確認して、次の一歩へ。

登り、下りも軸の移動を意識

登りのフォームは前ページの基本歩行とほぼ同じ。登りの傾斜があるので、重心が後ろに引かれないよう

基本歩行はまっすぐな軸を保って、すーっと前へ

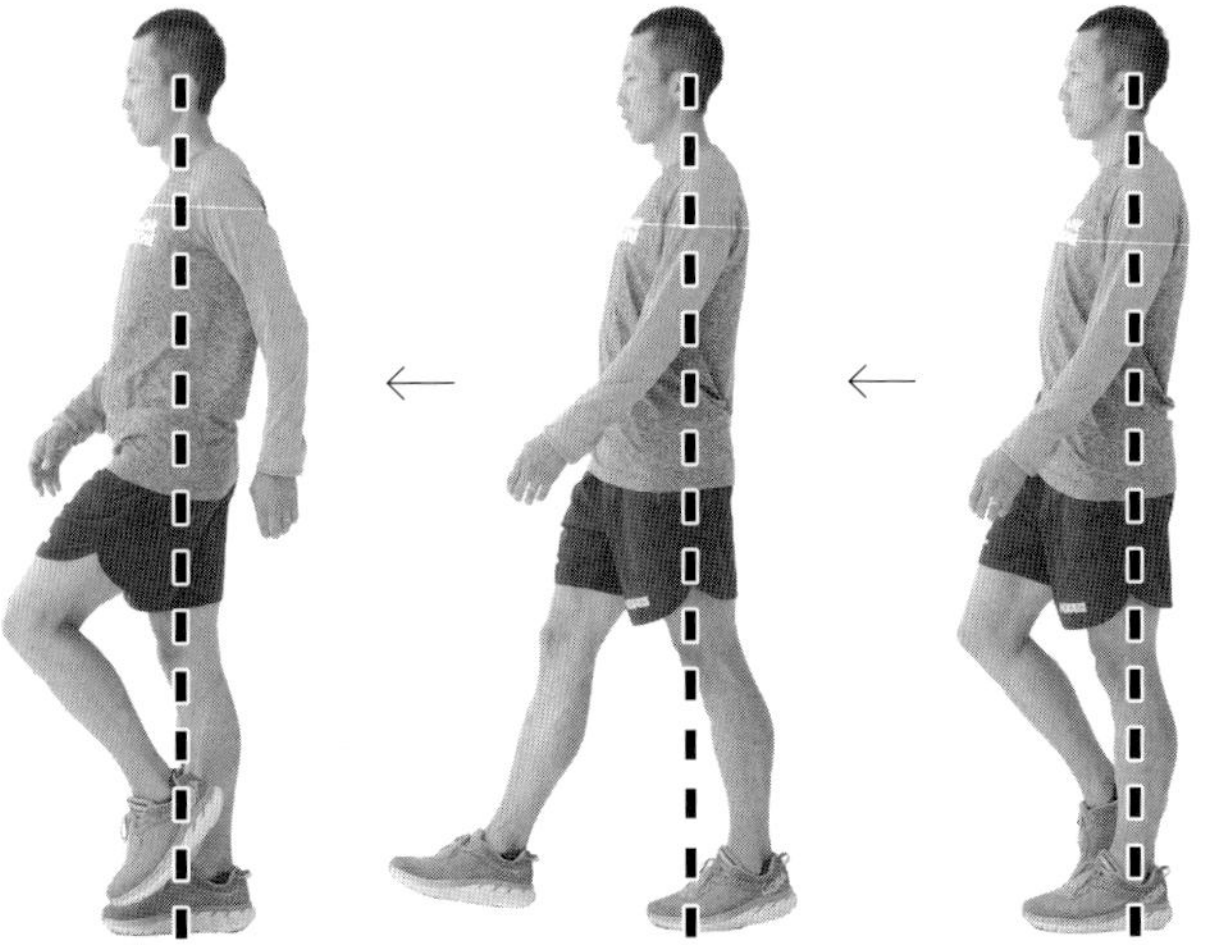

前脚を上げる

前に出すほうの脚を上げる。後ろの脚でまっすぐな軸をつくり、重心も残したまま。上体が前のめりにならないように注意する

前足を着く

重心を移動しながら、前足をフラットに下ろす。このときの軸は両脚の間。前脚に軸と重心を移すまでの短い間に足場の状態を探る

前脚に重心を移す

完全に重心を前脚に移動し、真上にまっすぐな軸で立つ。ももの裏側、お尻の筋肉を使いたい。後ろ足は蹴り出さず、自然に前へ

に注意しよう。「あ、違う！（変わった）」と実感できるのが、前脚で立ち上がった瞬間。重心を移動し、まっすぐな軸で立ち上がると、驚くほど脚の力を使わずに登れるのだ。こんなふうに山を登れるようになれば……。想像しただけでワクワクしてくる。漫然と歩いていると元のフォームに戻ってしまいがちなので、定期的にセルフチェックする習慣を。

　段差の上りは登山の動きに近い。日常生活では、階

軸の移動を使えば、驚くほどチカラいらず

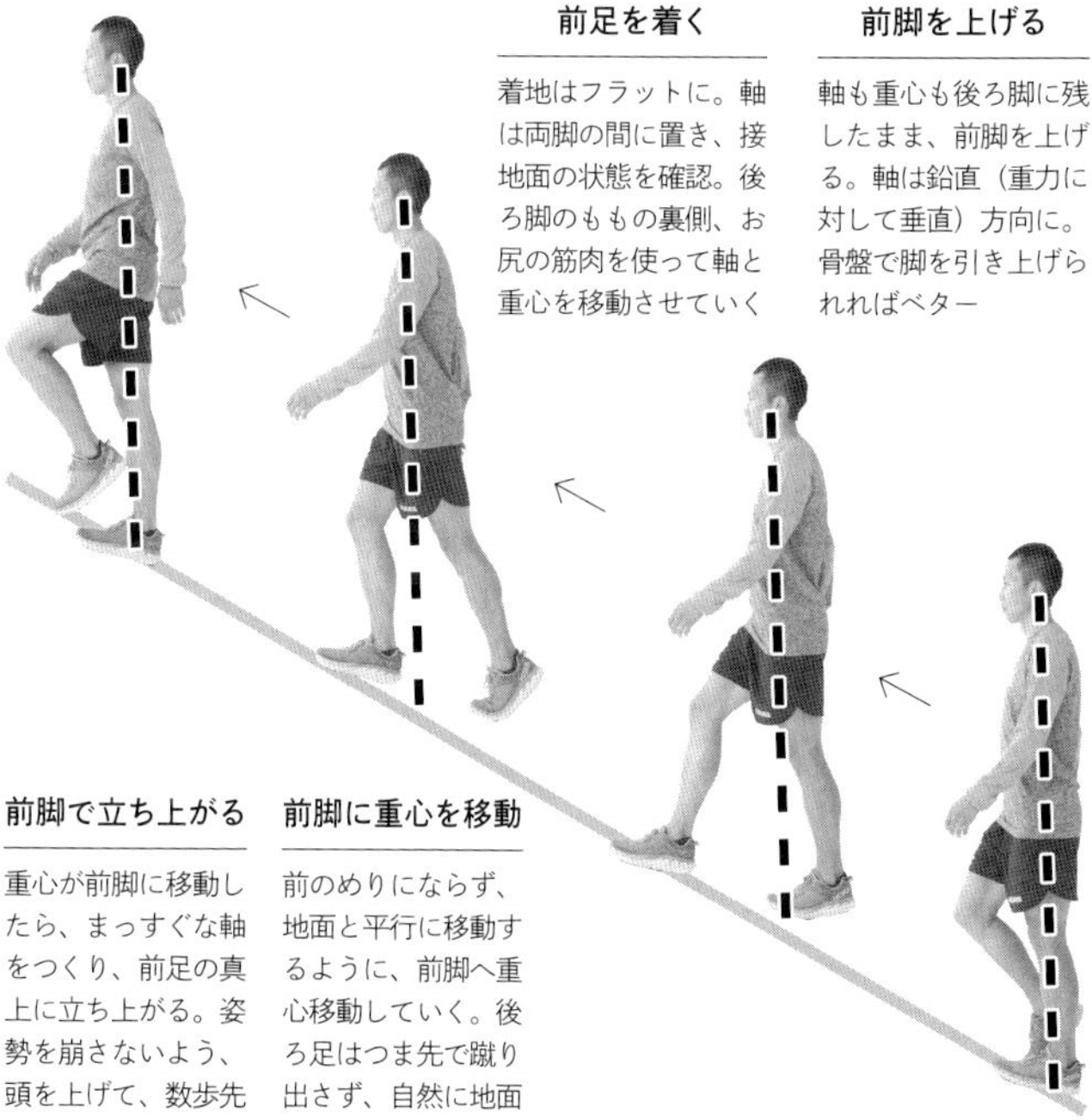

前脚を上げる

軸も重心も後ろ脚に残したまま、前脚を上げる。軸は鉛直（重力に対して垂直）方向に。骨盤で脚を引き上げられればベター

前足を着く

着地はフラットに。軸は両脚の間に置き、接地面の状態を確認。後ろ脚のももの裏側、お尻の筋肉を使って軸と重心を移動させていく

前脚に重心を移動

前のめりにならず、地面と平行に移動するように、前脚へ重心移動していく。後ろ足はつま先で蹴り出さず、自然に地面から離す

前脚で立ち上がる

重心が前脚に移動したら、まっすぐな軸をつくり、前足の真上に立ち上がる。姿勢を崩さないよう、頭を上げて、数歩先まで見渡そう

段を使うときが練習のチャンス。これまでの登り方と正しい登り方の違いを覚えておくと、登山中のフォーム修正に役立ってくれる。

　下りの極意は、重心が遅れないようにし、前脚を伸ばして着地すること。傾斜が急だったり、足場が悪かったりして、下りでは腰が引けやすい。その結果、軸が曲がり、重心移動が遅れ、膝や前ももに負担がかかる。ここは、思いきって体（重）を前に。前脚を足先ではなく、骨盤から出してみよう。

下りは脚を伸ばして、軸（＝骨格）で着地する

前脚を出す

後ろ脚でまっすぐな軸をつくり、重心を残したまま、前脚を出す。恐怖心で腰が引けないように。歩幅は小さめを心がける

前足を着く

重心を移動させながら、前足をフラットに着く。足先だけをそろりと出すのではなく、斜面と平行に体全体を移動させる感覚で

前脚でしっかり

重心を前脚に移動し、真上にまっすぐな軸で立つ。膝は伸ばしたまま、骨格でトンと下りる。衝撃を膝の屈伸で吸収しないように

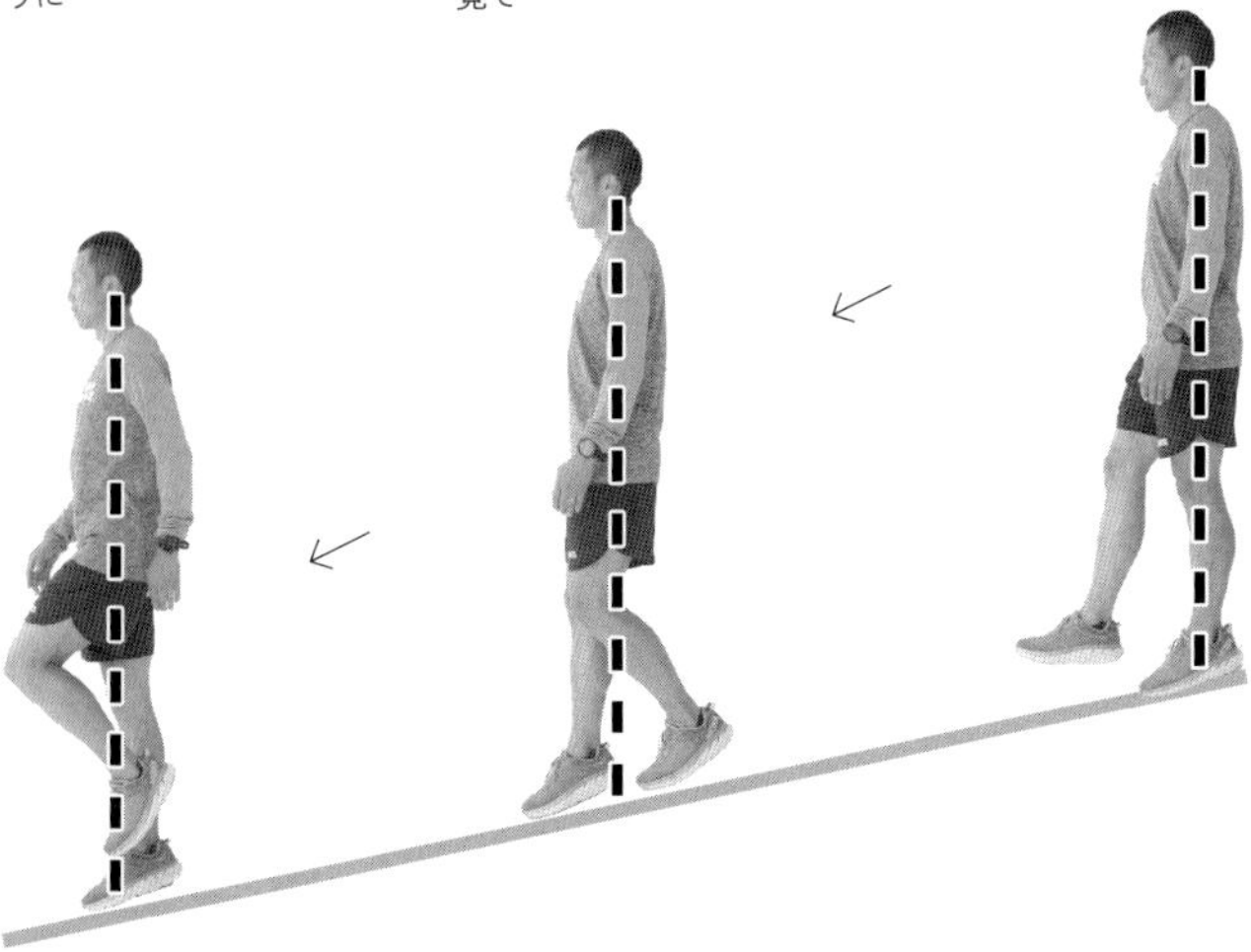

段差では

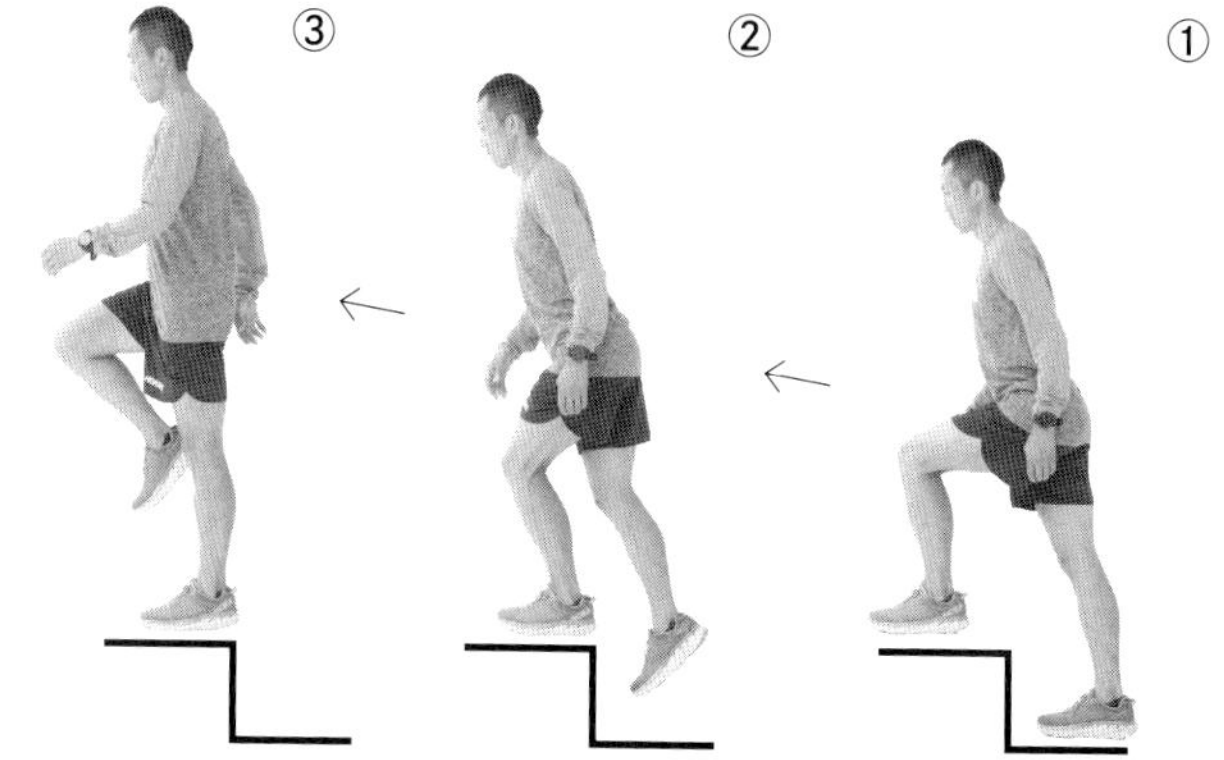

登りは重心移動でスッと

①前脚を段差に上げる。膝がつま先より前に出ないように　②前脚に重心を移してから、後ろ足を蹴らずに離す　③前脚の軸で立ち上がる

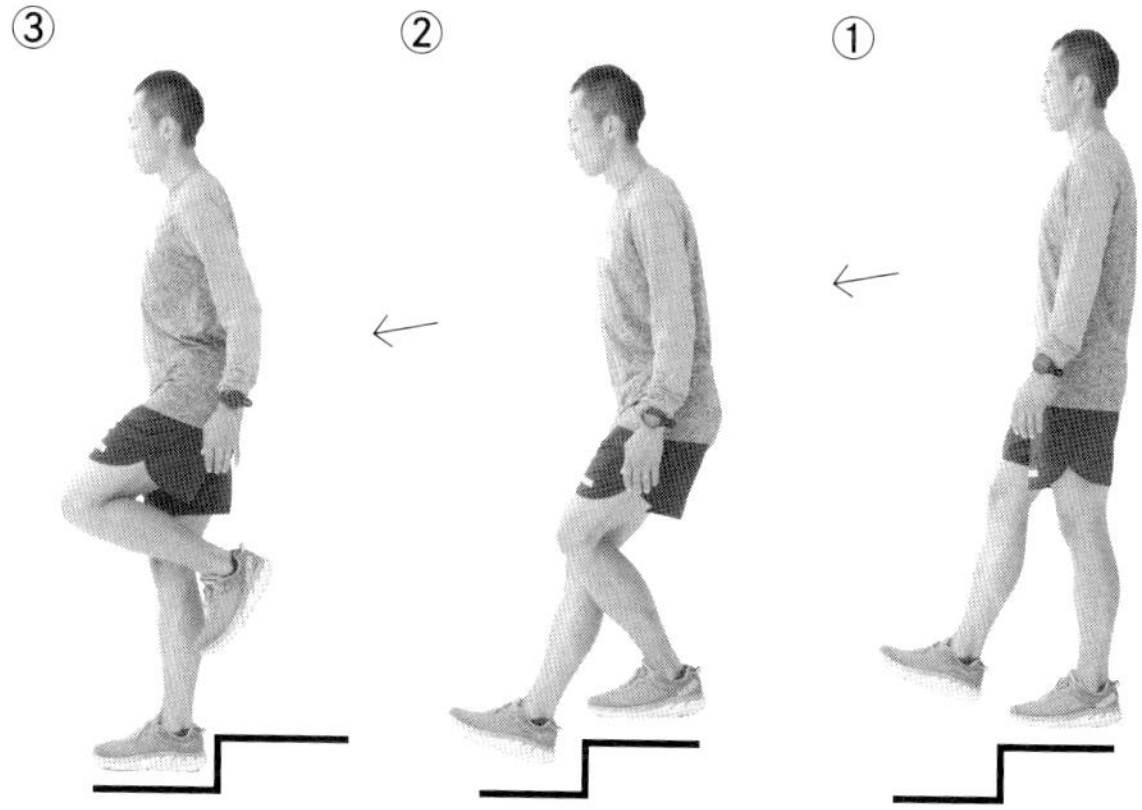

下りは軸を保ってストン

①前脚を上げる　②軸を保ったまま、前脚を下ろす　③前脚にまっすぐな軸で立つ。小股で段差のすぐ下に着地させるとスムーズ。

重心を前に移動してみると、足場が見えやすく、足をフラットにつけるようになる。歩幅は小さくとるほうがスムーズだ。そして、着地するときの前脚は伸ばして、頭までまっすぐな軸をつくる。骨格で着地すれば、大きな衝撃がなく、膝や前ももがミシッとすることもない。基本的に視界は広くとり、必要に応じて足元と目線を行き来させよう。

ザックを背負ってもきれいな姿勢

普段の姿勢、歩き方を見直して、いざ山へ。ザックを背負うときは自分の体+ザックで軸をつくり、重心を安定させなければならない。まず、体に合ったザックを選び、きちんと背負うこと。体とひとつになったように感じるのが理想だ。軽めの荷物であれば、基本姿勢で立てるようになりたい。ザックは正しい姿勢で背負うようにデザインされているので、ここは重要。とはいえ、荷物が重くなると、前傾せずにバランスをとるのは難しい。そこで、軸をアレンジ。背筋を伸ばしたまま、腰を後ろに引くように前傾する。すると、頭、腰、くるぶしがまっすぐな軸で結ばれる。

重荷での軸のつくり方

基本姿勢から脚を前後に開き、背筋を伸ばしたまま前傾。腰を後ろに引き、脚の付け根で体を折るようにするといい。重心が安定し、地面をしっかり踏めている感覚があればOK

ザックを正しく背負う

背面長が合っていることは必須条件。ハーネス類を適正な位置で締め、荷物を高い位置で安定させる。しっかりフィットさせることで、軽い荷物であれば、基本姿勢で立てるはず

ペース管理はデータを活用

「どれくらいで着くのかなぁ」が「○分で着くな」に変わると、登山のペース管理はもっと正確になる。コースタイムに対して自分の所要時間は？　標高差１００m登るのに何分かかる？　ラクに歩けるのは何キロまで？　行動を数値化して蓄積しておけば、地図の情報と組み合わせて現実的な計画ができる。悪天候、体調不良、難所など、悪条件でのデータも集めておきたい。

歩行ペースは心拍計を使ってコントロール。話しながら歩けるときの心拍数をキープすれば疲れにくい。登山しながらさまざまなデータを表示、記録できる心拍数計付きのＧＰＳウォッチを使えば意外と簡単だ。

地図は等高線を意識して立体的に見る。「ここから標高差４００mの急登」といった具合に高低差を含めてルートを把握。自分のデータがあれば、所要時間を予測できるはずだ。

必要な栄養素を戦略的に摂る

運動中は筋肉への血流が増し、内臓への血流が減る。おなかが痛くなったり、食欲が落ちたりするのは、そのせい。行動量が多いとき、また胃腸が弱い人、疲れやすい人は消化・吸収しやすい炭水化物を補給のメインに。エネルギージェルはさらに吸収が早い即効性のエネルギー。シャリバテの回復にも有効だ。脂質は消化・吸収に負担がかかるものの、カロリーが高く、腹持ちがいい。心拍数を上げず、ゆっくり歩くときの補給に適している。1gあたりのカロリーが高いので、荷物をコンパクトにできる。炭水化物と組み合わせて、上手に使いたい。脂肪燃焼を促すサプリメントは、体に蓄えた脂肪をエネルギーとして使えるよう促してくれる。

おがわ・そうた／プロトレイルランナー。レース参戦やプロデュースのかたわら、山岳スキーや渓流釣りなども楽しんでいる。技術面の造詣が深く、登山者向けの歩き方講習会も開催。

解説

読図のポイント

ソロ登山では命取りとなりかねない道迷いを避けるため、ポイントを押さえた地図読みと、道迷いからのリカバリーは必須技術だ。

知恵⑪

現在地の確認と把握

――野村 仁（山岳ライター）

山歩きで道に迷わないためには、今自分がいる現在位置を地図で確認して、常に把握していればよい。当たり前のようだけど、それでも迷ってしまうのはなぜ?「現在位置の確認」という作業を軽く考えて、つい後回しにする、あるいは省略してしまう人が多いからだ。知っておいてほしいのは、「迷っていないとき」に現在位置を確認することは簡単にできる。でも、「迷ってしまったと

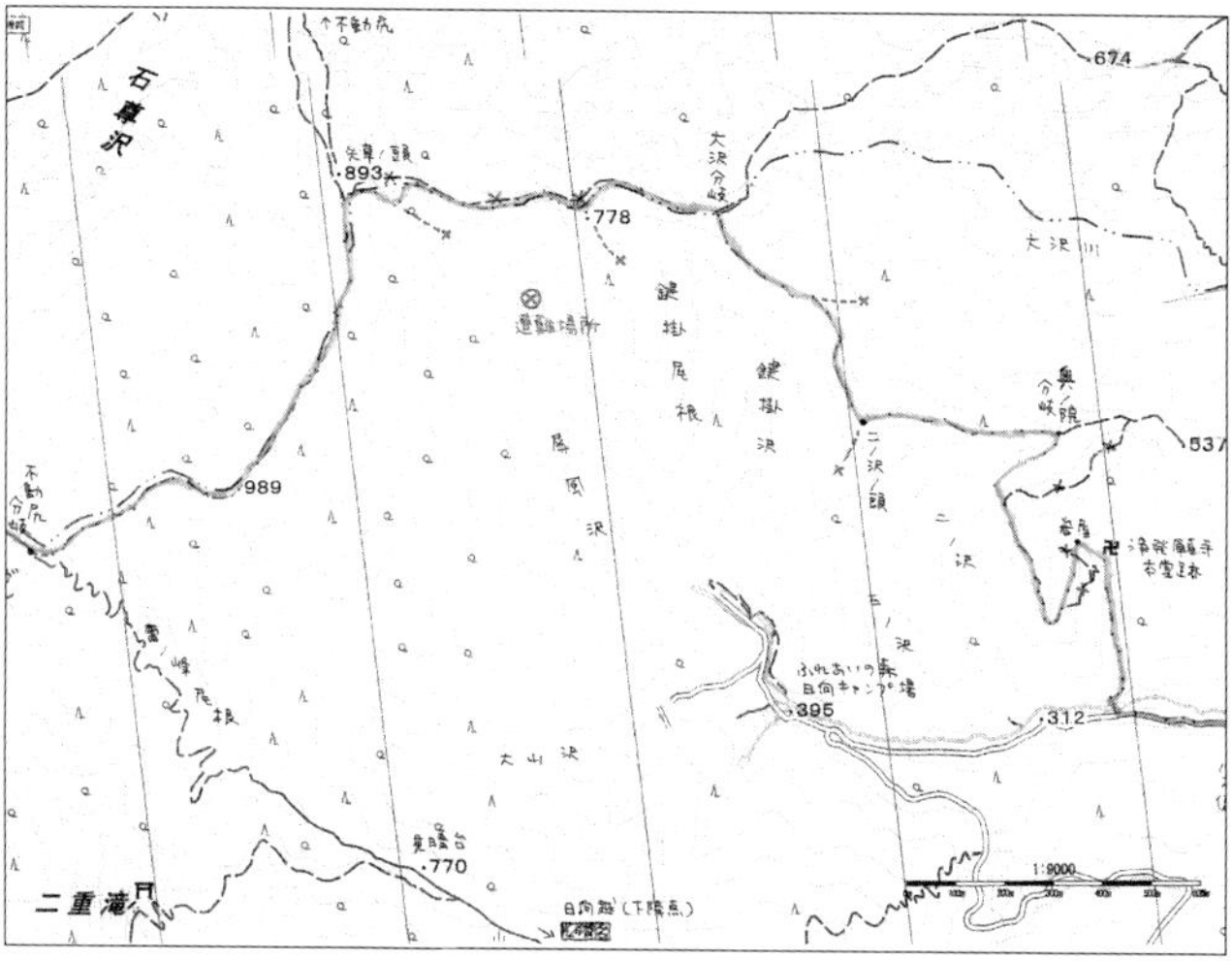

詳しい地図読みが必要と予想した箇所を、さらに大縮尺にしてカラー印刷する。ネット情報などで調べた地名、地形要素、要注意の分岐点などを書き込んでおくと、さらに使いやすくなる

き」には、現在位置がどこか推定することになり、それは数倍以上も難しい作業になってしまう。だから、山歩きを楽しんでいる最中にも、常に地図を見て、現在位置の確認～把握という行動を続けることが重要なのだ。

道に迷わないための地図読み

① 地形図を有効活用

現在ではGPSもあるし、ネット上で見られる地図もある。それでも、紙に印刷された状態の、ある程度の広さをひと目で見られる地形図を持ってほしい。紙地図の利点は、とにかく取り扱いが直感的で簡単、広範囲を見やすい、すぐに取り出して何度も見られる（起動しなくてよい）、自由自在に使い倒せる、などだ。

②「整置」で方角を確認

「整置」とは、地図を実際の正しい方角に向けること。地図読みの基本のひとつである。コンパスを水平な地図の上に置き、コンパスのN針（赤いほう）が磁北線（N針が実際に示す方向）と平行になるまで地図を回す。地図が整置されると、地図の延長線上に実際の地形が重なって見え、進行方向がわかるようになる。

③　入山前に位置を確認

入山するときには、現在位置はわかっているはず（バス停・駐車場など）なので、地形図上でどこにいるか、どちらの方向へ向かうのか、必ず照合して確認しよう。地形図上で現在位置

登山地図の活用方法とは?

登山地図は細かい地形や記号を読み取るのには不便な一方、エリア全域が一面で見られ、ルートの危険箇所やコースタイムなどが記入されており、概要を確認するのに便利だ。メジャーなコースを歩くときは、登山地図でも充分現在地確認が可能。

がわかれば、整置をして、見えている山名などを調べられる。ＧＰＳ（スマホも可）や高度計があると簡単に現在位置確認ができることも知っておこう。すぐに取り出して確認できるよう、地図は折りたたんで取り出しやすい場所に収納しておく。

④ 次に確実に位置がわかる場所を確認

歩きだす前に、次の目標地点を把握しておこう。もし道がわからなくなったときに、リカバリーしやすくなるからだ。歩き始め、目標地点にたどり着くまでの区間でも、現在位置を確認できる地形要素はたくさんある。道の方角や傾斜が変わった場所などでは地図をよく見て、自分が今どこにいるのか推測を立てる癖をつけよう。また、地形図上の植生記号や露岩記号、崩壊地（ガレ）記号など、植生や地形で現在地が確認できることもある。

⑤ 惑わされやすい要素を知る

迷いようがなさそうに見える尾根道であっても、尾根から外れる踏み跡や、林業関係の作業道など、迷いやすいポイントは多い。ルートミスを防ぐためには、地形図で尾根上の分岐を予測しておくこと、尾

整置の手順は、コンパスを水平にした地図の上に置き、磁針の赤いほうと磁北線が平行になるよう地図を回すだけ

根道で登り返しのピークがあったら必ずピーク上へ登って、下る方角を確認することが必要だ。

道迷いからのリカバリー

「道に迷ったら引き返す」これが原則である。ところが、道迷い遭難の事例を調べると、例外なく、迷ったときに前進し続けて遭難している。迷ったことに気づくのには段階がある。「ルートが変だ。迷ったかも……」というとき、すぐに引き返していれば被害は少ない。しかし「完全に迷った。どの時点で迷ったかも思い出せない」というのは重症で、引き返せればよいが、引き返す方向さえわからないことも。この段階になる前に、「変だ」と感じた時点で引き返すことがとても重要だ。

①　まずは落ち着く

「迷ったかも！」と思うと、慣れていない人はとても焦る。そして、急激にペースを上げて進み、一刻も早く抜け出そうとする。でも、急いだから抜け出せるわけではない。まずは休憩して水やお茶でも飲みながら、心を落ち着かせる。焦って滑落など絶対にダメ。少しでも体力を温存することが復帰の決め手になるのだ。

道に迷ったときの判断チャート

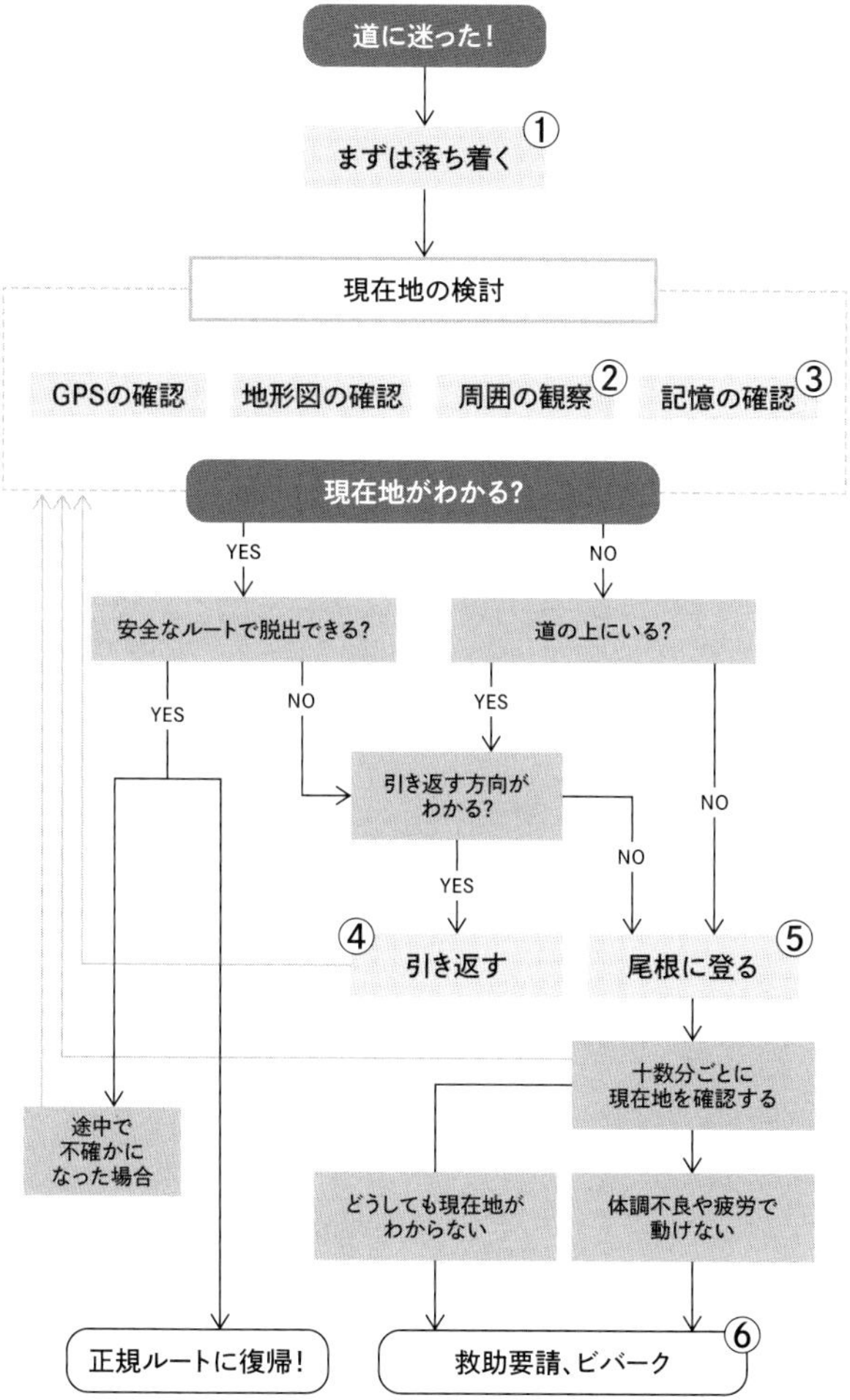
道に迷った!
まずは落ち着く ①
現在地の検討
GPSの確認
地形図の確認
周囲の観察 ②
記憶の確認 ③
現在地がわかる?
YES
NO
安全なルートで脱出できる?
道の上にいる?
YES
NO
YES
NO
引き返す方向がわかる?
YES
NO
④ 引き返す
尾根に登る ⑤
十数分ごとに現在地を確認する
途中で不確かになった場合
どうしても現在地がわからない
体調不良や疲労で動けない
正規ルートに復帰!
救助要請、ビバーク ⑥

② 周囲の地形を観察する

現在地がどこか推定するのは、迷う前の地図読みに比べると非常に難しいが、周囲をよく観察してやってみよう。今いる場所は尾根か谷か、両方をつなぐ斜面か、その傾斜と方向（方位）は？　周辺に目立ったピーク、尾根、谷が見えないか。送電線や鉄塔、林道などが見えないか。地形図で整置して現在位置を推測してみよう。

③ これまで歩いてきた道を思い返す

歩いてきた道の状況を思い返してみる。尾根道、谷道、尾根～谷の間の斜面、ピークや鞍部、そして、そもそも最後に現在位置を確認できたのはいつだったのか？　その「最後に確認した現在位置」を明確に言えれば、かなりの確率でそこへ戻ることができる。登山中に地図読み作業をしていたことが、ここで生かされ

注目すべき観察ポイント

- ●現在地は尾根か谷か斜面か
- ●尾根、谷、斜面の傾斜と向き（方角）
- ●周囲に見えるピーク、尾根、鞍部、谷など
- ●送電線、電波塔、林道、堰堤などの人工物
- ●岩壁、崩壊地、砂礫地など特徴ある地形

思い返すべきこと

- ●道の状況:尾根、谷、ピーク、急斜面など
- ●道の状況:岩場、ガレ場、展望地、草地など
- ●最後に現在位置を確認できた場所はどこか
- ●ルートが不確かに感じたのはいつからか
- ●その時点からどれぐらいの時間歩いたか

るのだ。

④ 引き返すのが大原則

周囲の地形を観察し、これまでの記憶を集めて、最大限努力して現在位置を推定したら、ともかく引き返すのがよい。引き返すのが早ければ早いほど、正しいルートに戻れる可能性が高まり、生還に近づくことができる。ここで欲を出して、当初の予定どおりに歩こうなどと考えてはいけない。道に迷ったら登山は中止、引き返すことに全力をあげる。

⑤ 尾根に登ってみる

現在位置が完全に不明、戻るためのルートもわからず引き返せない。こうなると迷いループに陥っており重症だ。生き延びるための行動として、尾根方向に登ってみよう。尾根には登山道がある可能性があり、携

歩いてきた時間の目安はどう計算すれば?

所要時間の目安は、登り標高差300mにつき1時間、下り500m当たり1時間、平地歩行4km当たり1時間が一般的。通常の体力と体調なら、これで所要時間が推定できる。ただし、岩場やガレ場などの悪路、体力などの条件で、所要時間は大幅に異なることを留意しておくこと。

作業道用のテープと正規ルートを示すテープの見分け方は?

登山用テープは赤、作業用テープはそれ以外の色でつけられることが多い。また、作業用テープは山道とは異なる理由でつけられているので、違和感を覚えるはずである。山で見るテープを無条件に正しいと思わないことが、何より大切である。

帯電話が通じるかもしれず、展望が開けて周囲が見渡せる場合もある。逆に、谷筋へは絶対に下ってはならない。

⑥ どうしてもわからないなら救助要請・ビバークを

尾根方向を探索して条件のよい場所が見つかったら、体力の消耗が少ないうちに、早めにビバークしたほうがよい。どうしても自分で脱出するのは難しいと思ったら救助要請を決断する。携帯電話から110番か119番通報すれば、位置情報を探索されることが多いようだ。

GPS機器やアプリって有効?

とても有効である。スマホの地図アプリはGPS機能を利用していて、ワンタッチで地図上に現在位置を表示してくれる。道に迷ったとき、地図アプリを起動すれば一発で現在位置確認ができるのだ。万一のときのため、ぜひ活用したい。ただし、予備のバッテリーは必ず持っておくこと。

解説

天候判断

悪天候に対処するには、事前にそのリスクを回避することが大切だ。天候が悪化するパターンを知ったうえで、情報を集め、対処しよう。

知恵⑫

季節ごとの悪天候パターンを知る

――粟澤 徹（西穂山荘支配人・気象予報士）

天気を予想し、未然に山でのリスクを防ぐのには、天気図を読み解くことが大切。これには知識と経験の積み重ねが必要になるが、まずは季節ごとに、過去に遭難事故を起こしてきた典型的な悪天候になるパターンと、注意するポイントを覚えるのが初心者には有効だ。こうした天気図が現われたときに、山の天候はどんな状況になるかを把握することから始めよう。

春・ゴールデンウィーク

春先から5月上旬、また秋口といった季節の変わり目に特に注意が必要なのが、日本海を発達しながら北東に進む「日本海低気圧」。ゴールデンウィークの高山で、低体温症や疲労凍死による遭難の多くは、この天気図のときに起きている。左ページの①の天気図（2016年2月13日）のように日本海低気圧が近づいてきたら、予想天気図とともにチェックしよう。「大切なのは、ある一日の天気図だけを見ればいいのではなく、低気圧が通過したあとの気圧配置により引き起こされるリスクを知っておくことです」。①〜③まで時系列に追った左ページの天気図から、天候がどのように変化し、そのとき山にいる登山者にどんな影響があるかを把握しよう。

梅雨

停滞前線は、季節の変わり目に冷たい空気のかたまり（＝気団）と暖かい気団がぶつかりあっているところにできる。梅雨前線の場合、北に春の冷たい気団、南に夏の暖かい気団があり、陣地の取り合いをしている状態だ。「梅雨前線がかかっているときは、天気予報の精度が低く、あてにならないと思ったほうがいいでしょう」。梅雨前線は、南にある気団の勢力が弱まったり、北の気団の勢力が弱まったりするたび、押し合いへし合いし、北、南に移動する。そのとき前線の位置によっては雨になったり、晴れになったりと、180度違う天気になることがあるからだ。

春・ゴールデンウィーク　日本海側を発達しながら進む低気圧

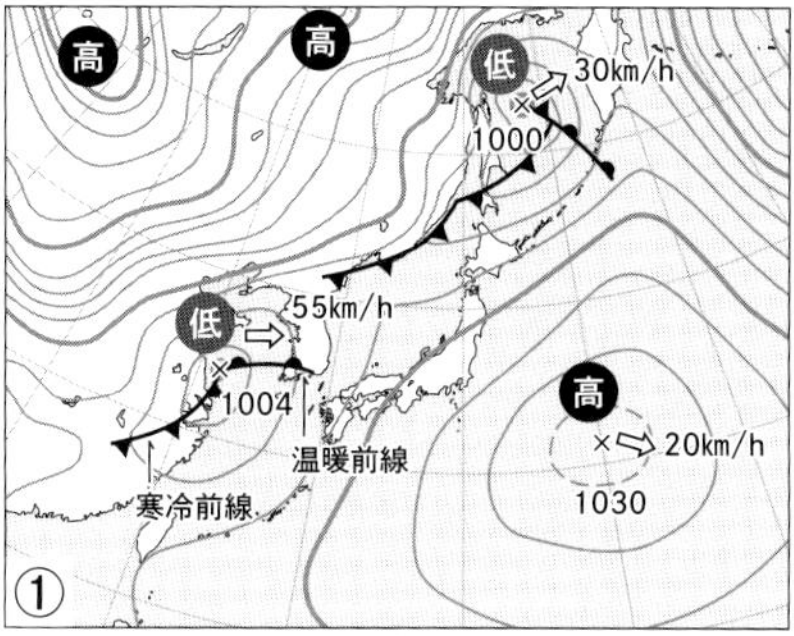

2016年2月13日～14日、春一番が吹いたときの天気図。同じような天気図がGWにも現われる。

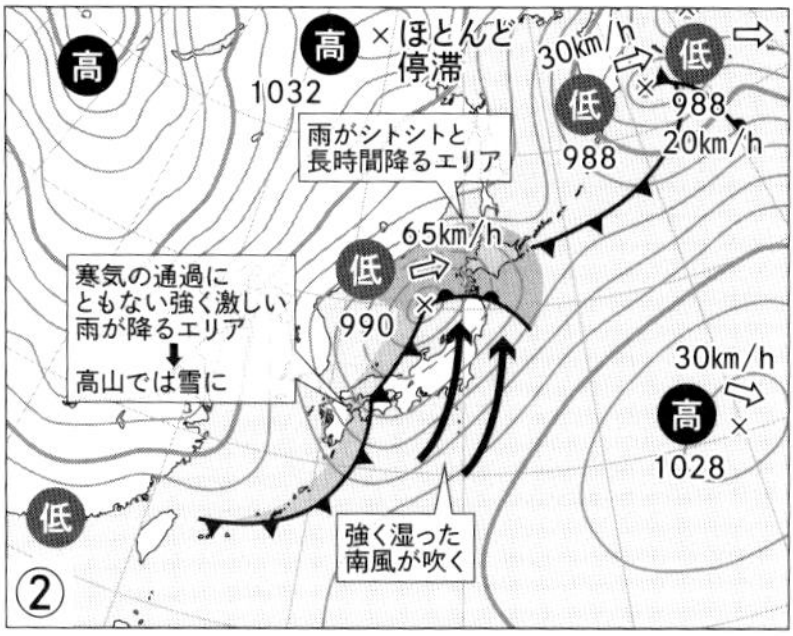

2016年2月14日6時　日本海低気圧が接近すると、まずは温暖前線に向かって南から暖かく湿った空気が流れ込み、気温が上昇する。そのためGWのころ、山では広い範囲で長時間雨に降られる。汗と雨で登山者が濡れたあと、今度は真冬のような冷たい空気をともなった寒冷前線が入ってきて、強い北寄りもしくは西寄りの風に変わる。気温は一気に下降、標高の高い山では、雨が次第に雪やみぞれになる。

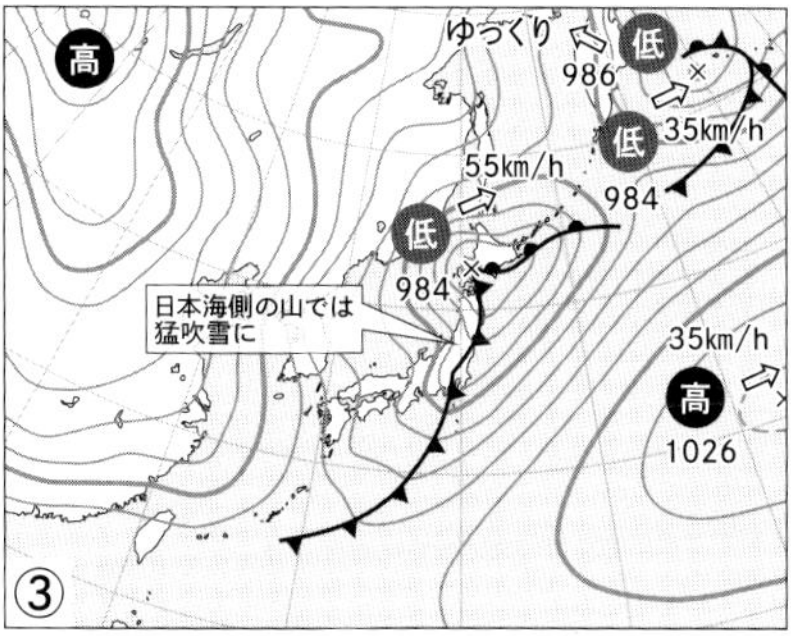

2016年2月14日15時　低気圧が過ぎたあと高気圧が近づくと、日本付近は西高東低の冬型の気圧配置が1～2日続く。全国的に北西風が吹き、日本海側の山は吹雪に見舞われる。雨やみぞれで濡れた状態の登山者には、低体温症、疲労凍死のリスクが高まる。冬には技術、経験のある人だけが入山するが、初心者の気象遭難が起こりやすいのは、山が春から真冬へ、天気が一変するGWの山ということを知っておこう。

梅雨前線の停滞

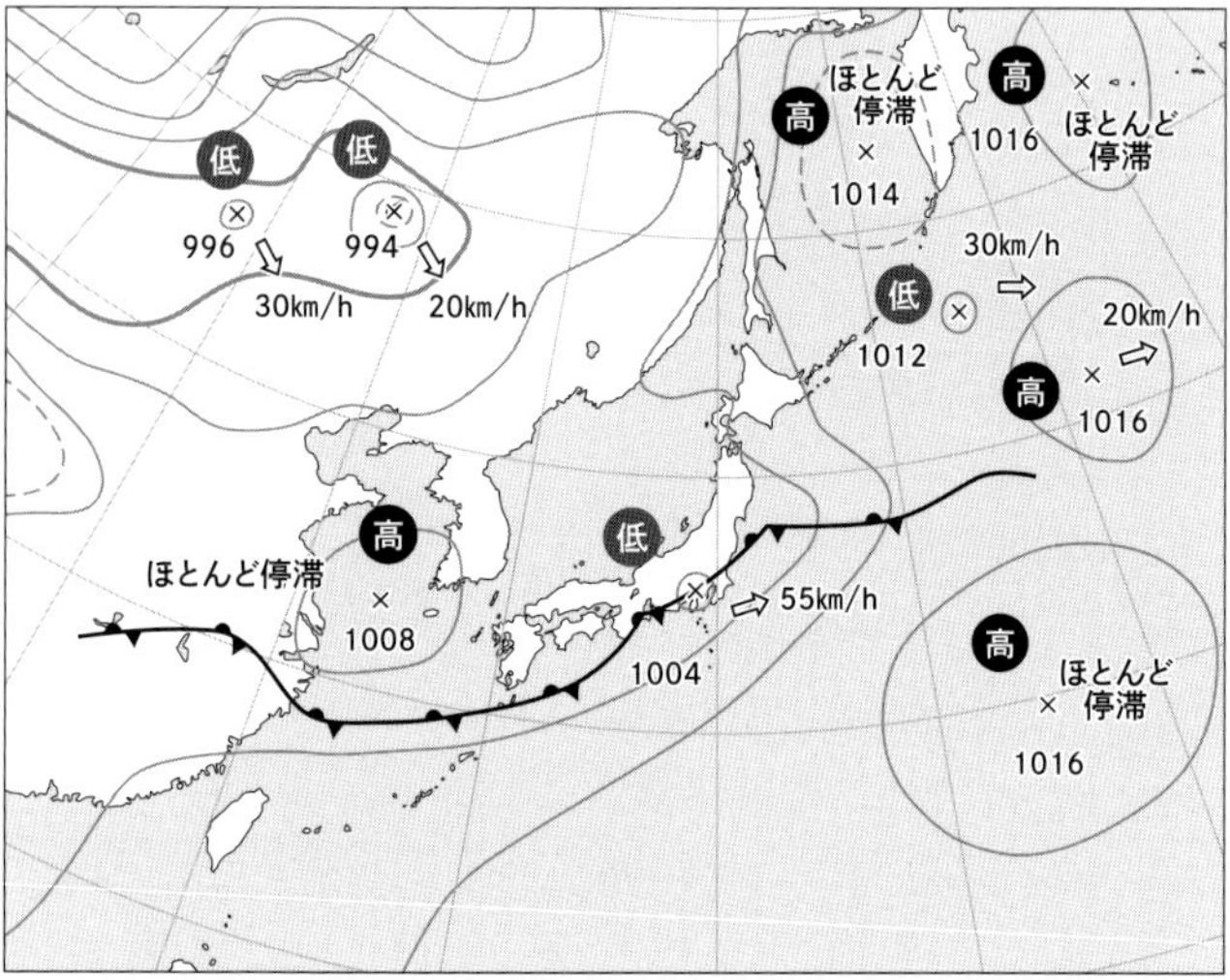

日本の西と東に高気圧があり、日本列島をはさんで力が拮抗している位置に梅雨前線があることがわかる。前線付近にあたる太平洋側の地域では、東にある太平洋高気圧が南の海上から暖かく湿った空気を運び込むため、激しい雷雨となるところがあると予想される。

そんなとき参考になるのが、気象庁の「高解像度降水ナウキャスト」と「降水短時間予報」。

「前線のどこで雨が降っているかを照らし合わせ、降水短時間予報と予想天気図でこの前線がこれからどうなっていくかをチェックすると、行く予定の山付近の天気が読めてくるようになります」

夏

猛暑となる夏の気圧配置の典型的なパターンのひとつが、クジラのしっぽ型といわれるもの。等圧線が西日本から朝鮮半島にかけて北側に張り出している。天気図に

夏　クジラのしっぽ型

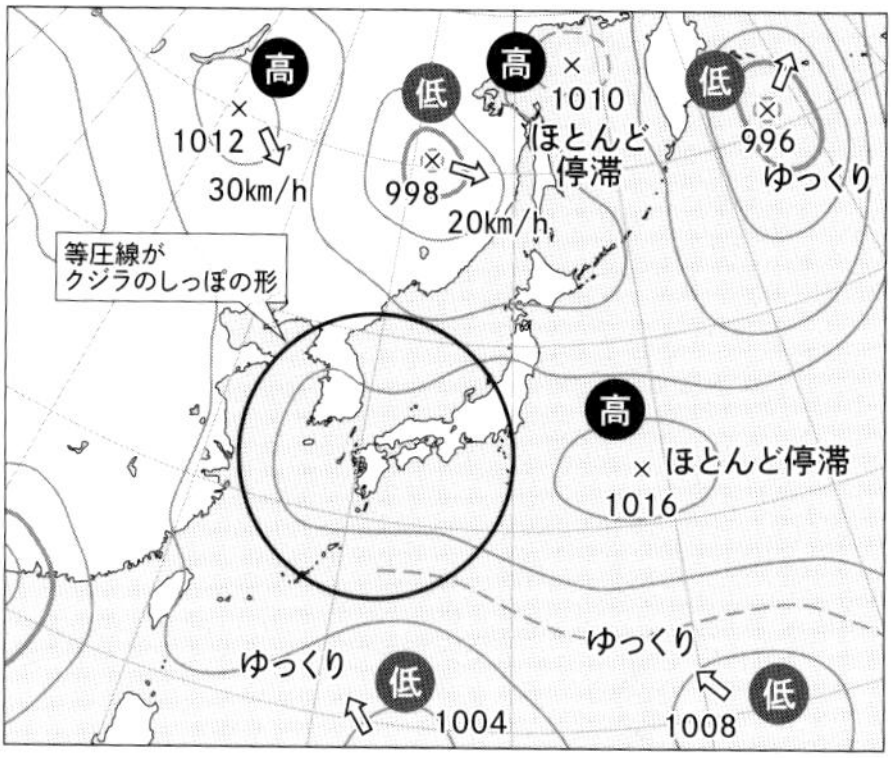

2019年8月1日　日本付近を東西に横たわる等圧線のふくらみがクジラの胴に、○で囲んだ部分の等圧線がクジラのしっぽのように見える。海から暖かく湿った空気が送り込まれ、山では不安定な大気になりやすい。

真夏　寒冷前線の通過

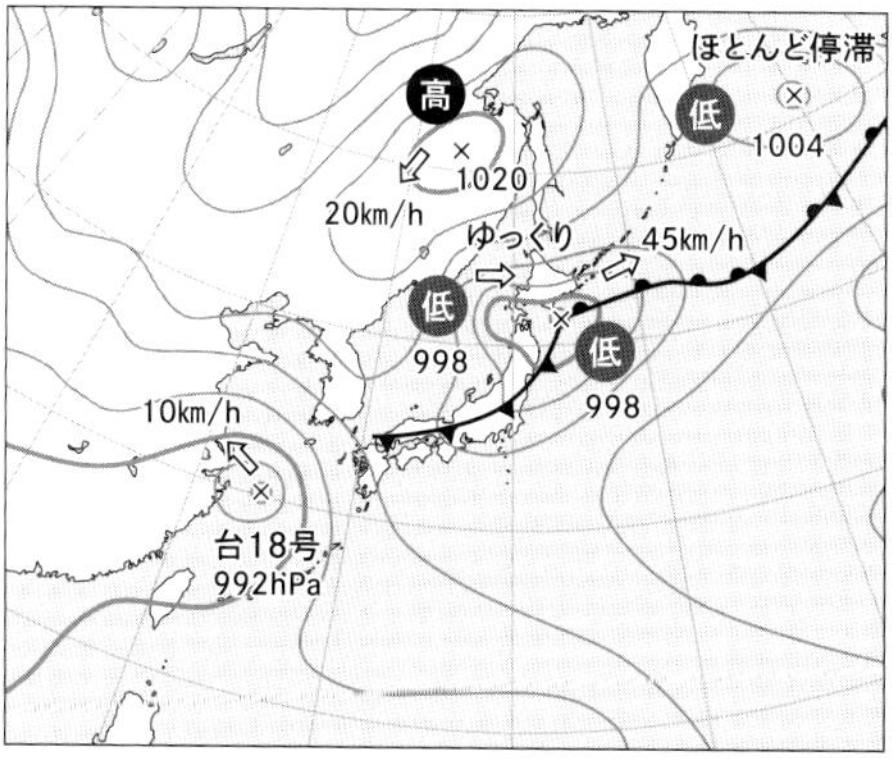

2018年8月16日　日本海から寒冷前線が通過。この日は、北海道から四国まで広い範囲で局地的に激しい雷雨となった。2002年8月2日には、寒冷前線通過にともなう雷雨で、塩見岳で落雷による死亡事故が発生した。

は現われないが、等圧線が張り出している付近にも小さな高気圧の渦があり、湿った空気がどんどん送り込まれているのがこの気圧配置の特徴だ。この天気図の上空に寒気が入り込むと、雷の危険性が極めて高い。この天気図が見られ、天気予報で「大気が不安定」「寒気」といったワードを聞いたら雷を想定し行程を切り上げるなどしよう。

真夏

盛夏には日本付近を太平洋高気圧が覆うが、一時的に勢力を弱めて後退、日本海に低気圧とともに寒冷前線が現われたら注意が必要だ。このとき本州付近は高気圧のふちにあたるため、暖かく湿った空気が本州に入り込み、前線の北側からは冷たい空気が流れてきて大気が不安定になり、雷や激しい雨の危険性が高くなる。前線通過にともない、はじめは前線に近い日本海側で積乱雲が発生するが、次第に太平洋側へと移っていく。広い範囲で午前中の早い時間帯にも雷の危険があることを知っておこう。

秋

夏の高気圧の勢力が衰えて秋を迎えると、次第に、日本列島を低気圧と高気圧が交互に通り過ぎていくことが多くなる。移動性高気圧が通過するときは、秋晴れに恵まれることが多いが、「低気

秋　シベリアから来る移動性高気圧

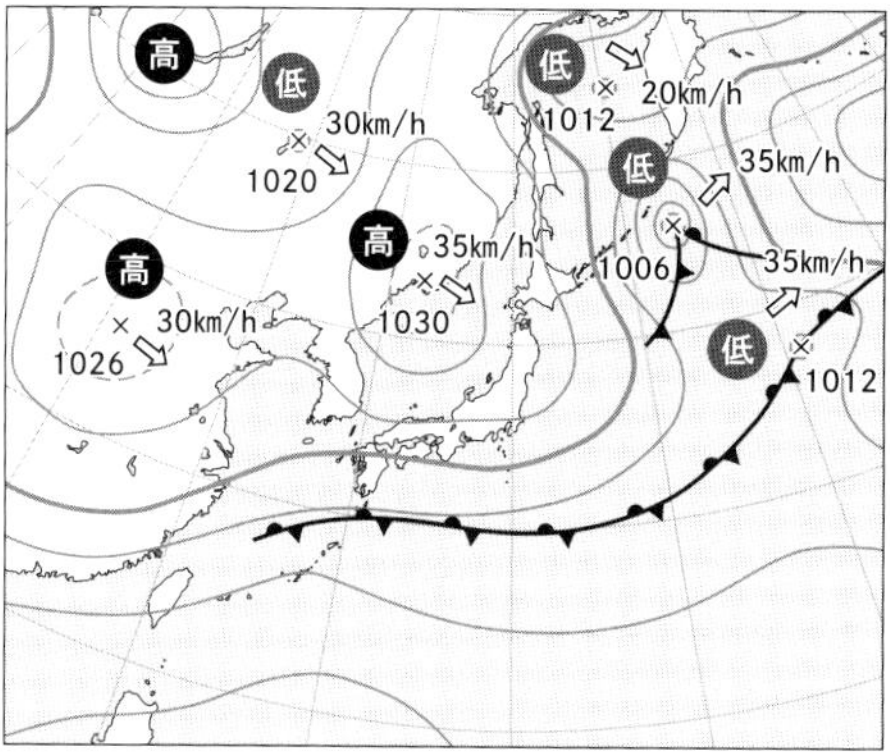

2017年10月8日　寒気をともなうシベリアからの高気圧がくると一時的に西高東低・冬型の気圧配置になり、太平洋側では晴れるが日本海側の山は雪になる恐れがある。

秋　大陸から来る移動性高気圧

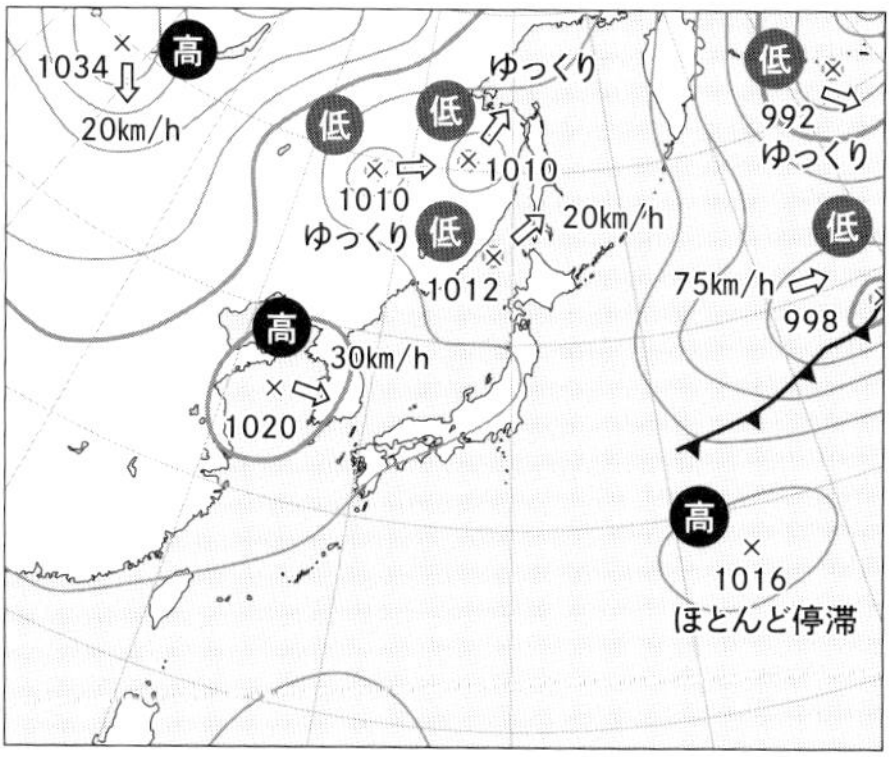

2018年10月8日　大陸中部からの高気圧は暖かい空気をともなう。この移動性高気圧に覆われると秋晴れの好天が期待できる。

圧が通過したあと、今度は高気圧がくるから晴れるぞ、と思い込んでいると痛い目に遭うことがあります」。

秋の移動性高気圧には大きく分けて、大陸中部から移動してくる高気圧と、シベリア方面から南下してくる高気圧の2つのパターンがある。前者は暖かい空気をともない、天気は回復し秋晴れが期待できるが、後者は冷たい空気をともなっている。このシベリアからの冷たい高気圧が張り出してくると、一時的に西高東低の気圧配置になり、日本海側の高山は吹雪になる危険がある。このパターンはこれまで幾度も秋山の気象遭難を引き起こしている。低気圧が通過したあとも油断せず、予想天気図で高気圧がどこからくるか、確認しよう。

秋の降雪

紅葉を愛でに秋の北アルプスへ登ったら、翌朝、雪がうっすら積もっていた、ということはよくある。冬型の気圧配置が予想されるときは、特に冬山装備・経験のない登山者は入山を控えたほうがよい。9月中旬から下旬、強い寒気をともなう低気圧が通過する場合なども、山では雪になることがあるが、この時期から10月上旬までの降雪は、数日で解けてしまうことが多い。

「吹雪などの悪天候であればだれも動かないのですが、雪はうっすらと積もっている程度で天気が晴れている場合が問題です。この状態の登山道は滑りやすかったり凍結していたりと、とてもやっかいです。天気とは別の登山道のコンディションの問題であることを認識しましょう」

たとえ好天でも稜線はもちろん、それ以上、上には進まないこと。山小屋で待機し、雪が解けるのを待ってから下山するのが賢明だ。

あわざわ・とおる／北アルプス、西穂山荘常務取締役兼支配人。山荘現地での気象解説をはじめ、各地で天気講座を行なう。著書に『やさしい山のお天気教室』（枻出版社）。

知恵⑬

ウェブサイトを活用した気象予報

――佐藤勇介（山岳ガイド）

テレビの天気予報は、基本的に平地の天気を予想したものだ。同じ松本市といっても市街と槍ヶ岳山頂では、標高が約2000m違うので、天気が大きく変わる。そこで利用したいのが「ヤマテン」や「Mountain Weather Forecast」などの山岳専門の予報サイトだ。これらのサイトでは、降雨予報のほかに気温や風向・風量の情報も掲載されているので、ウエアや装備選びに役立つ。また、SCWなどの高精度気象予報サイトは、雨雲の流れなどを確認するのに便利だ。

気象庁のウェブサイトにある「高解像度降水ナウキャスト」は、現地で「雨雲が出てきたな」と思ったときに、その後の天気をスマホからすぐに予測できるので便利。使い方も簡単で、気象庁のサイトから「高解像度降水ナウキャスト」のコンテンツを選んだら、自分のいる場所を地図から指定。それだけで、5分間隔で1時間先までの雨雲の予想のほか、強雨域や雷の活動度、竜巻が発生する可能性などを確認できる。

天気予報が雨マークなのに、現場では快晴ということが、山ではよくある。予報はあくまでも参考にとどめて、自分が体感する風や湿気、気温などから、天候を判断するようにしたい。たとえば、空を見ていて暗くなってきたなとか、風が変わったなと感じた後に夕立や雷が鳴ったという経験は、自分の中に蓄積されていく。そのような経験を多く積み重ねることで、ソロ登山者としての経験値をアップさせていくのだ。

さとう・ゆうすけ／日本山岳ガイド協会認定山岳ガイドステージII。国立登山研修所の講師も務める。夏は沢登り、冬は雪稜登攀などを行なう。ガイド業のほか、東京・立川にクライミングジム・カメロパルダリスを開設。

気象予報サイト

情報がコンパクトで見やすい　ヤマテン

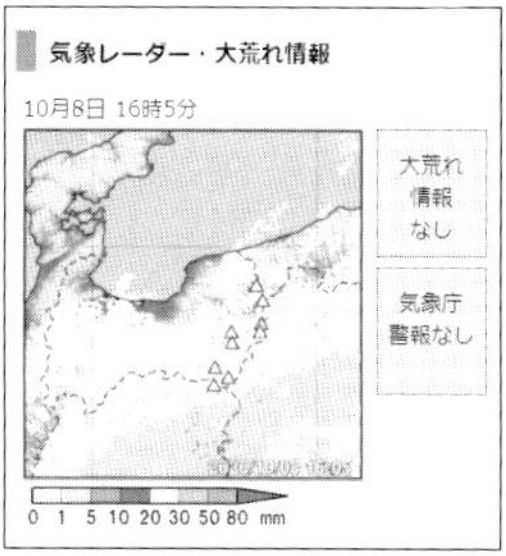

全国の18山域、59山の天気予報を有料（月額300円＋税）で閲覧可能。天気、気温、風向・風速を6時間単位で翌々日まで予報。

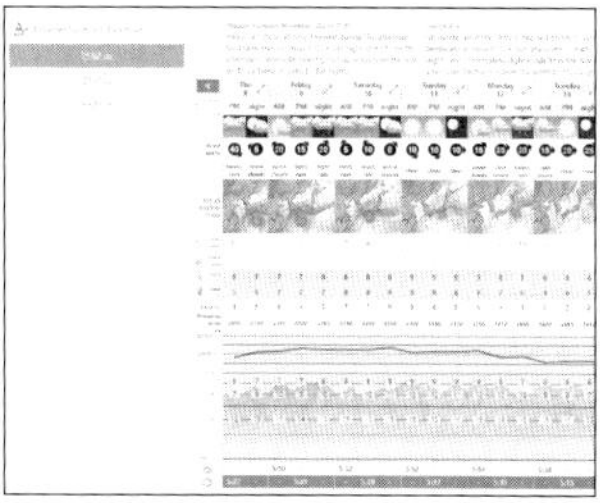

情報量が多く、詳しく調べたいときに Mountain Weather Forecast

英語のサイトだが、アイコンと数字を見るだけで感覚的に理解できる。高度1000mごとの気温が細かく表示されているのが便利。※世界中の山の天気を予報するサイトで、日本の気象業務法の適用外となっている。閲覧と利用は、自己の責任において行なうこと。

雲の流れを把握したいときに SCW

雨雲や雨の様子などを視覚的に確認できる高精度気象専門サイト。有料会員制度もあるが、無料会員でも問題なく使える。

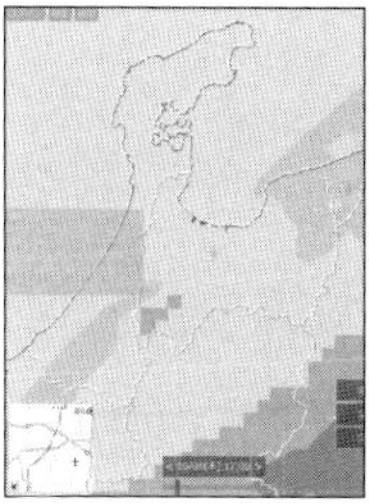

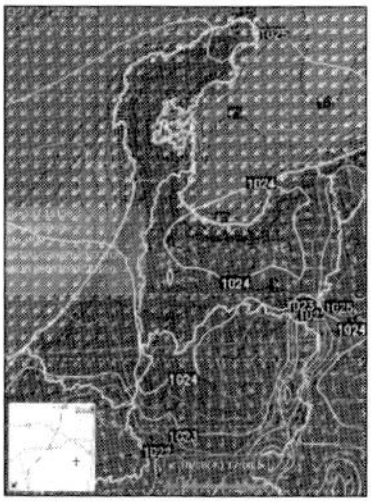

コラム

私のソロ登山テクニック

ソロ登山をより快適に楽しむために、山のプロフェッショナルたちが実践しているテクニックを紹介。

知恵⑭ 体調管理を客観的に行なう

——安藤真由子（健康運動指導士・低酸素シニアトレーナー）

ソロ登山は自分のペースで登れ、初対面の人と話せたり、景色をゆっくり見られたり、新しい発見があるので好きです。でも、ソロだと無理をしてしまいがち。体力や気力を限界まで使ってしまうと危険が伴います。だから、自分の現在の調子を客観的に判断し、調整するようにしています。たとえばオーバーペースで息が上がっていないか、エネルギーは

安藤さんの日帰り登山（行程8時間を想定）の行動食の例

おにぎり3個、クリームパン1個、チーズ、ソフトクッキー、チョコレート、ドライフルーツ。おにぎりは昼に食べるのではなく、行動中にこまめに摂取する。

摂取できているか、などです。私自身のペースとして、心拍数150拍／分を目安にしています。一般の人なら「会話をしながら快適に歩けるペース」を目安にするといいでしょう。行動食は30～60分おきに、ドライフルーツやソフトクッキーなど。また同時に水分も少量ずつ摂取するようにしています。

知恵⑮ 飲料は汎用性を重視する

――芳須 勲（登山ガイド・管理栄養士・健康運動指導士）

ガイド業務の下見で単独入山することが多く、人と会わないこともよくあります。そんななか、意識しているのが水分の携行。時季で持っていく水量は変わりますが、汎用性を重視し、冬は魔法瓶で湯を、夏はペットボトルで水を携行します。飲み水やスポーツドリンク、昼食用のラーメン、米飯などに形を変え、万一のときは傷口の洗浄に使用できるからです。塩1・5gと砂糖20gを救急セットに入れておけば、熱中症になりそうなとき、水500mℓに溶かして簡易的なORS（経口補水液）も作れます。また、ザックの外ポケットから落ちるなどして、大切な水を紛失しないように気を使い、水は雨蓋に収納します。落とした水を無理に拾おうとして滑落したり、下の人にぶつかったりする可能性も。一見面倒ですが、慣れれば、いい立ち休みになります。

知恵⑯ オリジナルの地図でコースを把握

――小林千穂（山岳ライター）

地形図に情報を書き込むと、スタートからゴールまでの注意ポイント、見どころなどが順序立てて整理でき、記憶にも残りやすいです。実際に歩くことを想像し、調べながら地図に書き込む作業はけっこう楽しいですよ！

複数の情報源から情報を得ると正確性も高まり、コースもイメージしやすいです。情報が少ないとき、最新の情報が欲しいときはネットやSNSを参考にすることも。山を楽しむことを忘れたくないので、危険箇所だけでなく、コースの見どころも書き入れています。現地で見逃したらもったいないですからね。

知恵⑰ 登山開始とともにGPSでログを取る

――渡辺幸雄（山岳写真家）

行動するときはガーミンのGPSでログ（軌跡）を取っています。昨年、歩き慣れている涸沢岳《からさわ》西尾根で、ガスに覆われ視界不良に。「なにか違う方向へ進んでいるかも」とGPSを確認すると、ルートから外れている。ログを取っていたことで事なきを得ました。また、職業柄、電子機器や夜の撮影などで電源の確保は重要です。外付けバッテリーを携行し、カメラ、GPS、充電式ヘッドランプ、携帯電話などのバッテリー対策を考えています。

知恵⑱ 複数のアイテムを状況により使い分ける

――栗沢 徹（西穂山荘支配人・気象予報士）

気象条件が厳しい冬山では手袋を厚手、中厚、薄手と3組携行します。標高が低いときやラッセルするときは中厚と薄手、写真撮影のときは薄手だけ。もし1組が風で飛ばされても、残りの2組で最悪の事態は逃れられるなど、3組持つことは使い勝手がいいだけでなく、万一の備えになります。また、ギアの使い分けも意識しています。たとえば、僕は西穂山荘に常駐しているので、小屋より上部か下部かで、ルート状況に合わせて靴を使い分けています。

知恵⑲ 自分に活を入れる

――星野秀樹（山岳写真家）

単独のときは、声を出して自分を叱ることがあります。つまずいたり、テントを立てるのにモタモタしたり、テント内で水をこぼしたり。そんなとき、次のミスを呼ばないように「しっかりしろ」「そんなことでは死ぬぞ」などと声を出します。客観的なもうひとりの自分が、ダメな自分に活を入れる感じです。ほかの人が聞いたら不気味かもしれませんが、特に冬山では、周囲に誰もいないことが多いので、気にせず堂々と声を出しています。

知恵⑳ 極小・小分けで万が一に備える

——佐々木亨（編集者・ライター）

ガイドブック作製や登山教室の下見でソロ登山する場合は長時間行動となるので、装備は軽量コンパクトが理想です。とはいえ救急セットや虫除けなどは欠かせません。ヒルのいる場所ではヒル対策が必要ですし、万一の故障に備えてヘッドランプの予備も欲しいなど、小さなものがかさばりがち。どれも少量や予備としてあればいいものばかりなので、私は極小、小分けにして携行しています。

たとえば日焼け止めを小さな容器に入れ替えたり、試供品を使ったり、救急セット内の絆創膏の枚数やテーピングの巻き量を減らすなど。ただし予備の小さなものでも、安全性を重視し、しっかりしたものを選んでいます。危機管理は必要充分に、少しでも機動力アップできるよう努めています。

小分けして少量携行

日焼け止めや軟膏、ヒル除け用のエタノールなど、ソロ登山でも手放せないものは、小さな容器に入れ替えて軽量コンパクト化するなど、少量を小分けにすることで対応している。

第3章

ソロ登山の遭難事例

事例①

道迷いからの滑落
～足尾山地・皇海山

2019年6月、ひとりで皇海《すかい》山に向かった男性は、道に迷って滑落、重傷を負った。6日間のビバーク後、自力で下山を試みた男性を救ったのは、ほかの遭難者を捜索していた民間の山岳救助隊だった。

登山道を外れて踏み跡に入り込む

高橋悦彦（59歳）が皇海山をめざし登山口の皇海橋を出発したのは、2019年6月14日の朝6時半ごろ。橋の手前にある登山届ポストのカードに必要事項を記入して提出した。皇海橋を渡り左折した所に車止めのゲートがあり、登山道はその先へと続いている。ところが高橋はそのゲートを越えず、いきなり林道の右側に付いていた踏み跡へと入り込んでいってしまう。

幸い踏み跡は間もなく正規の登山道と合流したが、標識のある不動沢の徒渉点で、高橋は再び登山道を外れる。沢を渡らずに、左岸に付いていた踏み跡を進んでいったのだ。やがて沢が2つに分

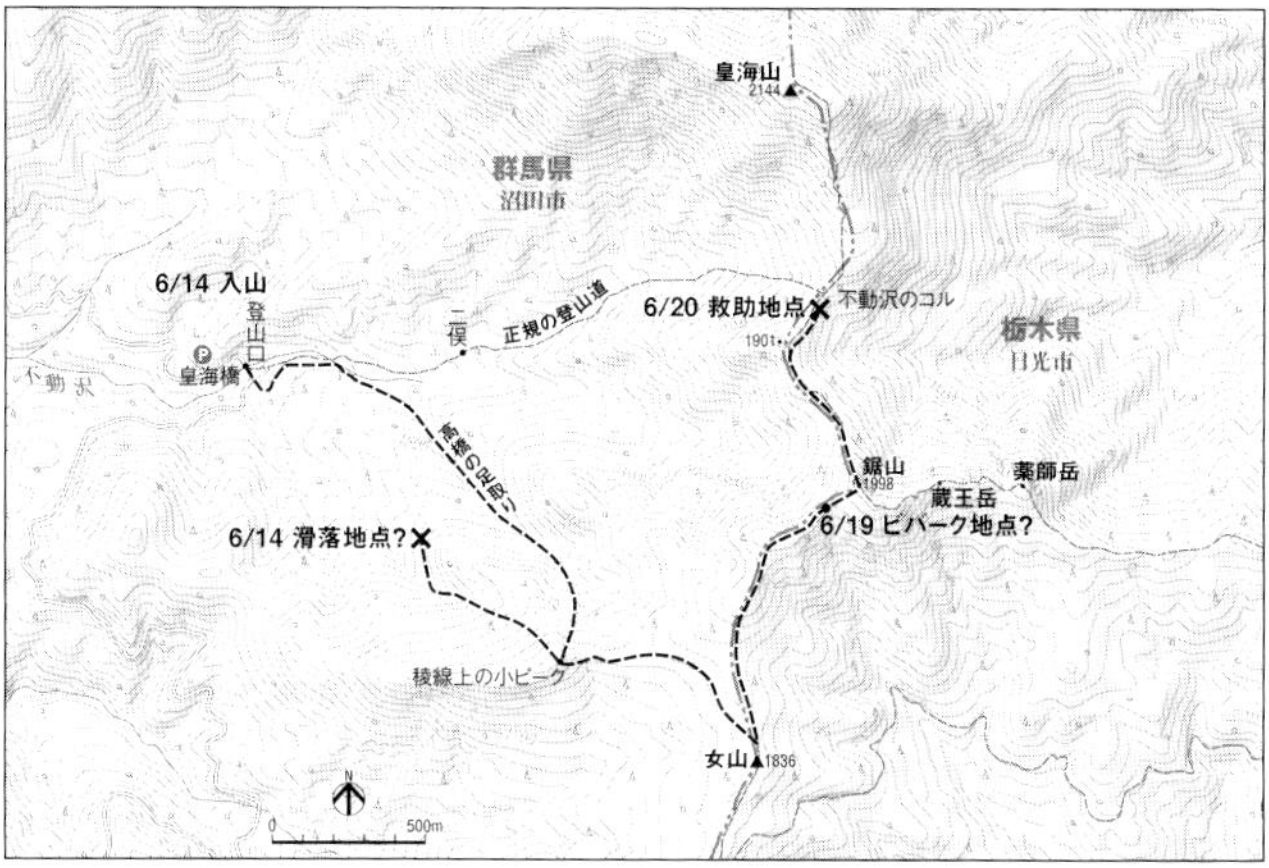

ほかの登山者からの情報にとらわれ、スタート時から道を間違えてしまう。一時は登山道に出たものの、再び外れて獣道へ。尾根上に出た時点で登頂を諦め、来たルートを戻ろうとしたが、いつしか沢へ引き込まれていく。途中で危険を感じてトラバースに転じたものの、急斜面で滑落して負傷。その後は尾根をめざして登り返し、登山道に出て救助される

かれる所に行き当たったが、そこが「山と高原地図」に記されている登山道上の「二俣」という地点かなと思ったという（「山と高原地図」は携行していたが、地形図とコンパスは持っていなかった）。

「ただ、なんとなく『いや、これは違うな』という気もしたんです。そのときに引き返していればよかったんですが、『進んでいけばなんとかなるだろう』と。せっかくここまで来たのだから、時間と労力を無駄にするのは嫌だなと思ってしまいました」

途中に崖や滝などはなく、沢沿いに登っていくこと約4時間、午前11時ごろに稜線上の小ピークにたどり着いた。そこから見えた皇海山らしきピーク（実際は鋸《のこぎり》山付近のピークだったと思われる）までは、まだ

まだ距離がありそうだった。またその辺りからシャクナゲが密となり、進むのに手間取るようになっていた。それらを考慮すると、山頂まで少なくともあと2時間はかかりそうだったので、登頂を諦め下山することにした。

急斜面のトラバースで滑落、負傷

下り始めると、登っているときとは景色がまるで違って見えて面食らった。最初のうちは樹林帯を下っていたが、気がつくといつの間にか沢に入り込んでいた。「沢を下ってはいけない」と思いながらも、沢から離れることができない。大きな段差をどうにか下りたときに、「こういうことをしていると、いつか滑落する」と思い、沢を離れて斜面のトラバースに転じた。急斜面で足を滑らせてしまったのは、その後間もなくのことだ。

「しまった」と思ったときはもう遅かった。落ちるときにダケカンバが見えたので、それにつかまって止まろうとしたが、つかんだ木が根元から抜け、頭から前方宙返りをするような体勢になった。2回目の回転で右前頭部を強打、頭の中が真っ白になり「終わったな」と思った。が、どさっという衝撃でわれに返った。

そこは2つの沢が合流した平坦地で、座り込むような体勢で滑落は止まっていた。「慌てるな」

と自分に言い聞かせ、まず体の傷をチェックした。頸椎や視野には異常はなさそうだったが、顔面からの出血がひどく、右のこめかみと右の下顎がピンポン玉ほどの大きさに腫れ上がっていた。ファーストエイドキットは持っていたので、消毒液を吹きかけ、タオルを押し当てて止血。右足首にも痛みがあり、靴を脱いでみると足首は異常に腫れていて、脛骨の向きもおかしかった。ただ両足で立つことはできたので、重度の捻挫か亀裂骨折と自己診断した。靴を脱いだままにしていると履けなくなると思い、履き直して靴ひもをガッチリ締め、ギプス固定に近い状態にした。

応急手当てを終えてひと息ついたのち、保温のため薄手のフリースと雨具を着込んだ。この日は夕方から雨との予報が出ていたため、沢の増水を警戒して4mほど斜面を這い上がり、平らな所でツエルトをかぶってビバーク態勢に入った。

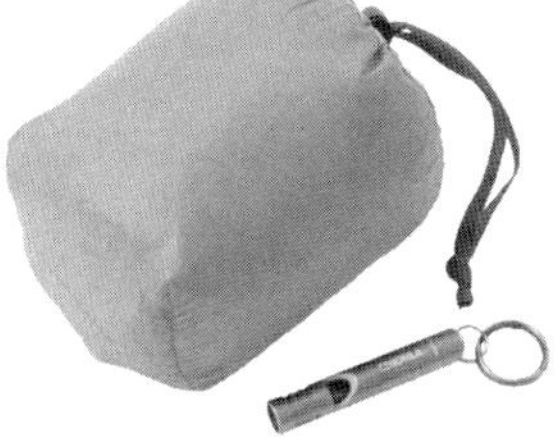

ツエルトのおかげで6日間のビバークに耐えられた。救助隊にはホイッスルを吹いて居場所を知らせた

ビバーク、そして自力下山を模索

ビバークしながら高橋は、どうやってこの状況から脱出するかを考えた。レンタカーの返却日は15日だから、レンタカー会社が動き出すとしたら16日以降。出社予定日の日に出社しなければ会社も騒ぎ出すだろう。とにかく会社には少しで

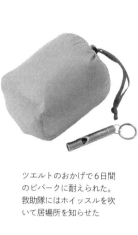

も早く連絡を入れたかったが、その場所から携帯電話は通じなかった。不動沢のコルまで行けば電波が通じることはわかっていたので、救助をあてにするのではなく、自力でそこまで上がっていくことにした。

万が一、自分の携帯のバッテリーが切れていたら、ほかの登山者に借りるつもりだった。15、16日は雨の予報だったので、週末とはいえ登山者はほとんどいないものと見た。ウィークデイの17日から21日も登山者は少ないだろうから、出会える機会は皆無に等しい。だが、1週間後の週末、22日か23日なら期待が持てる。

「つまり、1週間かけて不動沢のコルまで登り返すという長期計画を立てたんです。原則は自力下山だと考え、ゆっくり気楽にやろうと思いました」

食料は、宿で作ってもらった舞茸弁当が1つ、ロールパン4つ、ソイジョイ1本、魚肉ソーセージが1本。これらを朝晩2回、少しずつ食べて1週間もたせることにした。

予報どおり、15、16日は雨だったので、その場から動かずに体力を温存した。天気が回復した17、18日は稜線へ登り返そうとしたが、2日間とも登っている途中で上空にヘリコプターが飛んできた。それを見て「ほかにもこの辺りで遭難した人がいるんだ。ついでに見つけてもらえるかも」と思い、比較的開けている沢床に引き返し、ツエルトを振るなどして合図を送った。しかし気がついてもらえず、19日にはヘリも来なくなったので、登り返すことに専念した。

痛む右足をかばいながら、10歩進んでは30分休みつつ、午後にはなんとか稜線にたどり着き、正規の登山道に出ることができた。そこからわずかに北へ行ったところに標識があり、女山の北側の辺りにいることがわかった。その日は鋸山の南斜面の笹原でビバークし、翌日は鋸山山頂で日の出を迎え、稜線を北へ向かった。

午前7時半過ぎ、不動沢のコルの手前の辺りまで来たときに複数の人の声が聞こえてきたので、ホイッスルでモールス信号を送った。3度目にホイッスルの返信があり、3人の救助隊員が駆けつけてきた。それはほかの行方不明者を捜索していた民間救助隊LiSSの隊員で、高橋は1時間後に現場に上がってきた群馬県警の救助隊員に引き継がれ、県警ヘリで救助された。

不安定な気流のなか、ワンチャンスをものにして県警ヘリでピックアップされた

考察　道迷いを誘発した不確かな情報

高橋が本格的に登山を始めたのは30歳ごろだが、小学4年生から高校3年生まではボーイスカウトに所属し、キャンプや登山に親しんだ。登山再開後は夏に、2、3回、年末年始に1回ほどの山行を重ね、

気がつけば百名山は77座に登頂していた。今回の山行は、群馬の百名山を片付けてしまおうと思って計画したものだった。

前倒しで1週間の夏休みをとり、高崎でレンタカーを借りて6月11日に男体山《なんたい》、12日に日光白根《にっこうしらね》山、13日には上州《じょうしゅう》武尊《ほたか》山に登った。皇海山のあとは15日に赤城《あかぎ》山に登り、その日のうちに帰宅する予定だった。

この遭難の原因はいうまでもなく道迷いであり、2度も登山道を外れていることから、単なる「不注意」が招いた事故であるといっていい。ただ、その伏線となったのが、前日に上州武尊山の山頂で出会った単独行者の若い男性との会話だった。彼は高橋に「1週間前に皇海山に登ったが、群馬側からのルートには標識や赤テープなどの目印はなく、踏み跡のような登山道だった」と語ったという。

「それを聞いていたので、獣道のような踏み跡でも正しいルートだと思い込んでしまいました。直近に登った人の情報がいちばん正しいと思って信じてしまったんですね」

そのことを救助隊員に告げると、「この登山道は私たちが整備していて、ちゃんと赤テープだって付けている。そんなでたらめな情報を信じたあなたがわるい」と言われたという。

道標があり、しっかりした登山道が付いているにもかかわらず、高橋はそれを見逃し、踏み跡に入り込んでいってしまった。おそらく、若い男性から得た情報が「登山道＝踏み跡のよう」という一種の認知バイアスを引き起こしたと思われる。

また、山に行くことを誰にも告げていなかった点も問題だ。ひとり暮らしのため、離れて暮らす家族には知らせなかったし、職場にも休暇を取ると言っただけ。高橋が勤務する会社では、休み明けの日になっても出社しなかったため、同日午後に警察に届け出たという。しかし行き先がわからないと警察は捜しようがない。

幸いだったのは、ちょうど同じ時期に皇海山で別の登山者が行方不明になっていて、その捜索のために民間救助隊LiSSが出動していたことだ。登山口に2日間置かれたままのレンタカーを、隊員が不審に思って警察に通報したのが糸口となり、高橋が皇海山に登ったまま下りてきていないことが明らかになったからだ。もし民間救助隊が出動する別の遭難が起きていなかったら救助活動の初動は大幅に遅れ、高橋が滑落時に行動不能に陥っていたとしたら、命を落とした可能性も考えられる。そういう意味では、遭難中に天気が大きく崩れなかったことなども含め、運がよかったから生還できたケースだといえよう。

ただ、滑落後の対応が冷静かつ的確だったのは評価できる。負傷時の応急手当てはボーイスカウト時代に学んでいたし、山岳雑誌の遭難事例やリスクマネジメントの記事を読んで勉強していたことも役に立ったという。ビバーク中、「このまま体力が落ちていって朽ちちゃうんじゃないか」と思うこともあったが、体力の衰えは感じず、逆に計算どおり行動すれば絶対に帰れるという確信に変わっていった。ただし78kgあった体重は、救助時は60kgに落ちていた。

なお、ＬｉＳＳが捜索していた別の遭難者は、この５カ月後の11月に遺体となって発見された。

最後に、高橋はこう言っていた。

「私は、もうひとりの遭難者の方に命をいただいて生き長らえたのかもしれません」

事例②

残雪のビバーク
～東北・神室連峰

２０１８年のゴールデンウィークに神室《かむろ》山へ単独で登った女性が遭難。スマホを落とし、道に迷ってしまった女性は悪天候のなか、ビバークに耐え抜き生還した。

幾度となく訪れた、歩き慣れた山域

栗駒《くりこま》国定公園の一角にある神室山（１３６５ｍ）は、標高はさほど高くないが、急峻な峰々が連なることから「みちのくの小アルプス」と呼ばれる、人気の山域だ。仙台市在住の佐藤彩（仮名・40代）も、そんな神室山の魅力に惹かれ、これまでに10回以上も足を運んでいた。

２０１８年４月29日、佐藤はまだ歩いたことのない土内口《つちうち》から雷滝を経由するルートで入山。神室山避難小屋で１泊し、富喜《とみき》新道で下山する計画を立てた。登山歴は10年ほどだが、残雪期の単独行は何度も経験していたので、体力的な不安はなかった。

快晴の下、土内口から歩き出した佐藤だったが、初めて歩くルートは想定よりも荒れていた。崩

佐藤が小又山から火打岳に向かう途中で撮影した写真。奥に見えるひときわ高い山が火打岳（1238m）

落している道を高巻いたり、残雪をトラバースしたりするうちに日が暮れてしまい、神室山避難小屋まで行くのは無理だと判断。権八《ごんぱち》小屋跡でツエルトをかぶり、ビバークすることにした。

「ビバークは初めてで、雪の上で寒かったのですが、とにかく明日はがんばろうと思っていました」

翌日は4時に起きて出発。尾根に出てからは雪の稜線歩きだったのでスムーズに進むことができた。9時13分に神室山山頂に到着。展望を満喫して再び歩き出した。天狗森《てんぐもり》でほかの登山者とすれ違い、13時42分に小又《こまた》山に着いた。佐藤はそこで妹に「ちょっと下山が遅くなりそう」とメールをする。この行動が、後に遭難した佐藤を救うこととなる。

当初予定の行程

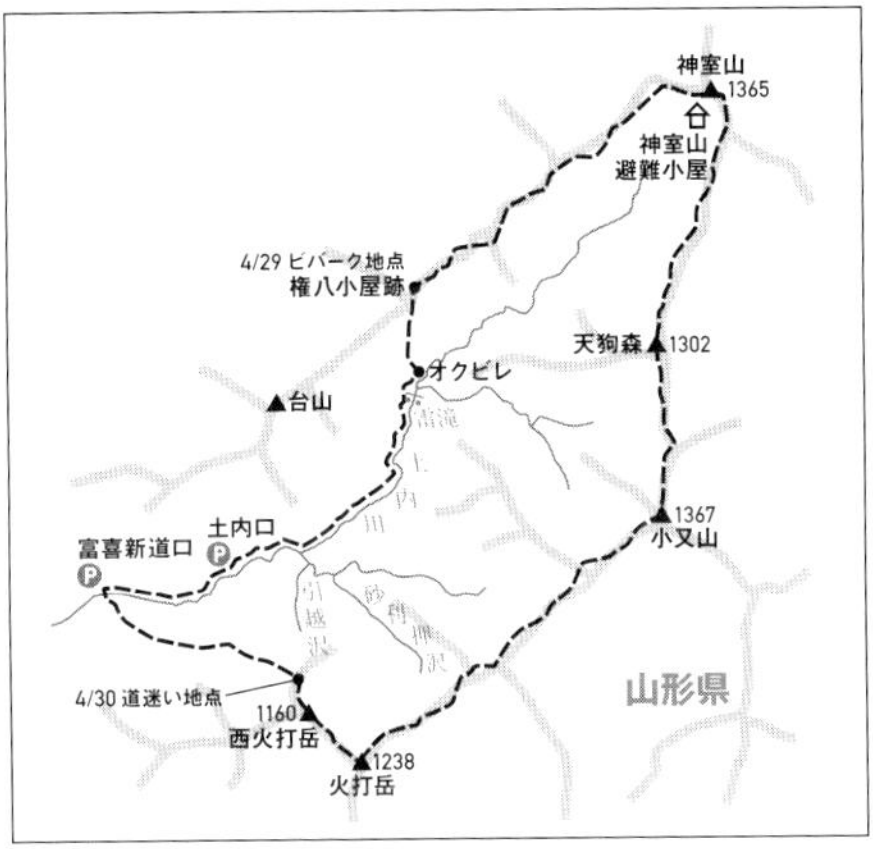

スマートフォンを紛失し ビバークを余儀なくされる

小又山から火打岳までは南斜面で、雪が解けていたので歩きやすかった。17時30分に火打岳に到着すると夕暮れが迫ってきたので、すぐに西火打岳へ向かった。佐藤は富喜新道口から西火打岳山頂までのルートを前年の3月に歩いており、道は知っていた。西火打岳の山頂を過ぎると右に大きく曲がるため、そのポイントに気をつけながら歩いていたところ、雪面で転倒。はずみでウインドブレーカーのポケットが開き、スマートフォンとバッテリーが雪の斜面を滑り落ちていった。スマートフォンを捜すためにルートからそれて斜面を下ったが、2時間ほど探しても見つからない。時刻は20時を過ぎて、辺りは暗くなっていた。

「その日は朝の4時から行動して疲労困憊していたので、西火打岳まで登り返す気になれませんでした。『山で道に迷ったら下らずに登り返せ』という鉄則は、知っていたのですが……。富喜新道の尾根に出れば大丈夫だと思ったので、ヤブをこいで左側の尾根に登ったのです」

2時間ほど登るとヤブが薄くなっている場所があり、そこが登山道だと考えた。「明るくなったらこの道で下山できる」と思い、ブナに背中を預けてツエルトをかぶり、ビバークした。

道迷いを自覚し、沢沿いに下山を試みるが

5月1日、佐藤は会社に出勤する予定だったため、4時30分に歩き始めた。2時間かけて下山し、6時30分に車に乗ったら会社に間に合うかなと考えていた。しかし、2時間以上歩いても下山口にたどり着かない。

「このとき、本格的に迷ってしまったと思いました。でも下れるところまで下ろうと考えたんです。お昼過ぎに雪がすっかりないところまで下り、紙地図とコンパスを取り出して現在地確認をしたんですが、思っていた場所とは全然違うところにいるようでした」

その後、佐藤は地形をさらに正確に把握するために、小さなピークに登ってみたが、何も見えな

行動経過

4月29日	快晴　土内口より入山。神室山避難小屋に宿泊するつもりが、権八小屋跡でビバーク
30日	快晴　神室山避難小屋を経て火打岳から富喜新道で下山予定。西火打岳登頂後にスマートフォンを紛失。捜しているうちに迷ってしまい、西火打岳北面でビバーク
5月1日	快晴　富喜新道を正しく下っていると思っていたが、地図とコンパスで現在地確認をしたところ、考えていた場所と違うことに気がつく。高台に登るが、何も見えず。砂利押沢下流の草地でビバーク
2日	快晴のち夕方から雨　ヘリコプターを見つけて手を振るが、気づいてもらえず。引越沢の看板を見つけ、砂利押ルートで下山できないかとルート探索。雨が降ってきたので沢沿いの大岩の陰でビバーク
3日	雨　終日雨のため行動できず、前日と同様に大岩の陰でビバーク
4日	雨　翌日も雨のため行動できず、大岩の陰でビバーク。死を意識して遺書をしたためる
5日	朝方雷雨、その後晴れ　沢の水量も前日より減ったため、徒渉し登り返しを決意。登り返したところで捜索隊のメンバーと偶然出会って救助される

かったので諦め、その夜は草地でビバークした。

5月2日、入山前に見た天気予報で夕方から天気が崩れることがわかっていたので、佐藤は焦っていた。富喜新道の入り口は沢だったため、沢沿いに進むとそこに出られるのではと思い、歩いていくと砂利《じゃり》押《おし》沢支流の「引越《ひっこし》沢」の看板を発見。そのとき、ヘリコプターが近づいてくる音が聞こえた。下山予定だった日を2日も過ぎているので、警察に捜索願いが出ていてもおかしくない。ヘリの搭乗員が双眼鏡で何かを捜しているのが見えたので思い切り両手を振ったが、そのまま通り過ぎてしまった。

もう一度ヘリが戻ってくるかもしれないと思い、高台に1時間ほど座っていたが、そんな気配はない。夕方になるにつれて風も強くなってきたので、自力で下山することを決意。砂利押沢沿いの道を歩き出した。

「砂利押沢はすごく難しいルートで、しかも残雪期なので私には厳しいと思っていました。でも、ここまで来てしまったんだと覚悟を決めて、地図に載っている本流沿いの道を歩いたんです」

途中、雪崩で道が塞がれていたため、それを避けて沢を徒渉することにした。残雪期の沢は水量が多く、腰まで水に濡れてしまう。やっとの思いで右岸へと沢を渡り、その先に道があると思ったら、さらに川幅が広く、流れも急な別の徒渉ポイントに出てしまった。

「さっきの徒渉でもヒヤヒヤしたのに、もうこれ以上は無理だと思いました。雨も降り出したので、大きな岩の陰で雨宿りをすることにしたんです」

雨が上がったので絶対に帰ると決意

3日と4日は朝から雨だった。少し戻って別ルートを探そうと思ったが、前日に渡った徒渉地点に行ってみると、水量が多く流れも激しくなっていた。

「雨がやむまでは、もう何もできないと思いました。とにかく寒いのでツエルトやシュラフカバーにくるまり、お湯を沸かして飲もうと思ったのですが、ガスが途中でなくなってしまって……。落ち葉も小枝も濡れていて焚き火もできず、もう終わったなと思いました」

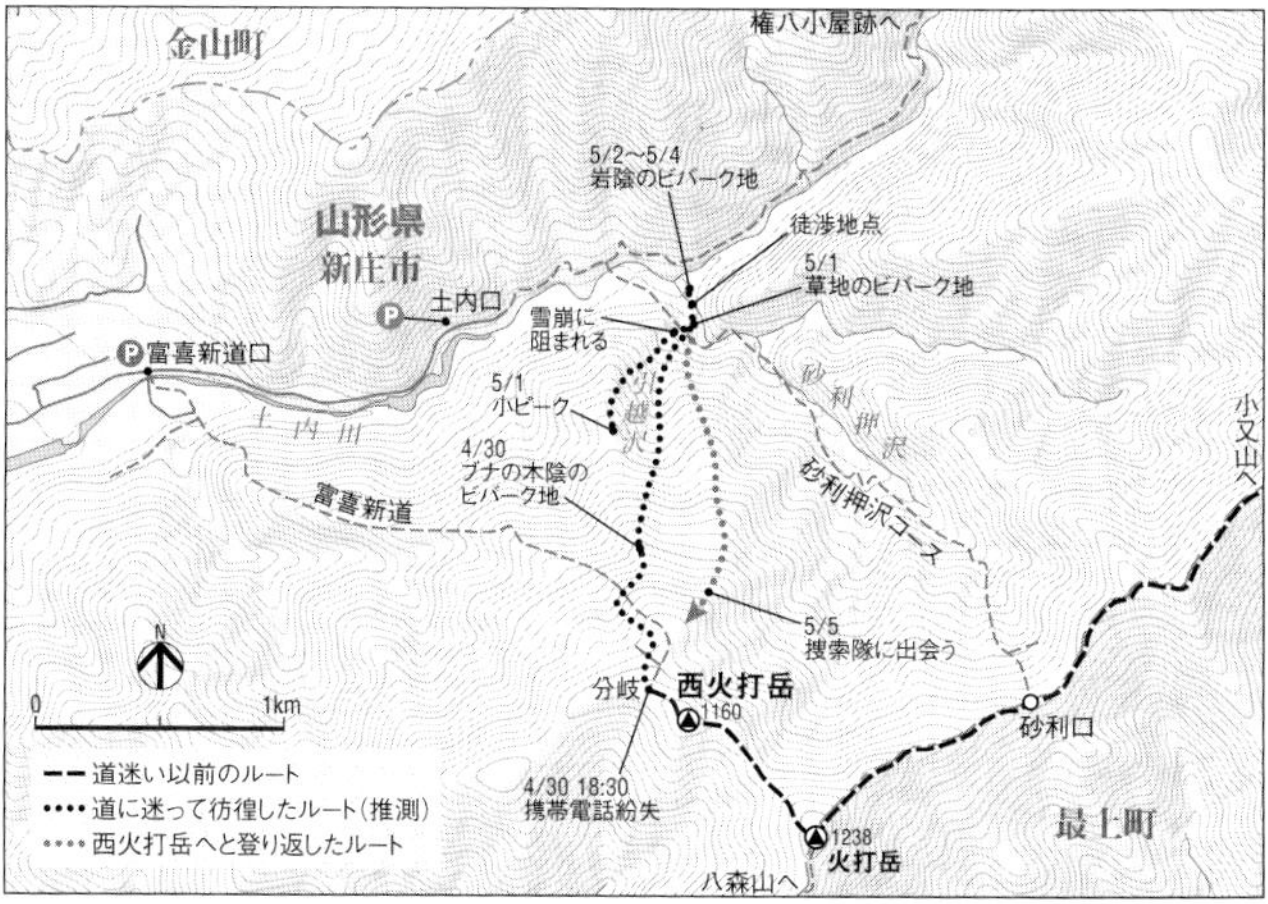

佐藤がルートを外れた後に歩いたと思われる軌跡。一度砂利押沢の出合まで下りてしまったが、そこから西火打岳への斜面を登り返したことで、捜索隊と合流することができた

このまま死んで何年後かに発見されたとしても身元がわからず、家族が困ると思い、免許証と保険証のコピー、地図の裏に遭難の経緯を走り書きした遺書をビニール袋に入れて身につけた。そして、焚き火もお湯もないので、体の内部から温めようと思い、食料のなかの柿の種やパンを食べることにした。

「そうすると体が温まって眠くなるんです。でも、しばらくするとまた寒さで目が覚めて。そんなことを繰り返していたんですが、晴ればなんとかなると思っていたので、早く雨がやんでくれないかなと願っていました」

遭難6日目の朝。空を見上げると雨はやみ、青空がのぞいていた。佐藤は「今日が勝負だ！絶対に帰る」と西火打岳への登り返しを決意し、徒渉ポイントを見に行くと、水量も少なく流れも弱くなっていた。「怖いが、ここを渡らないと帰ることはできない」と思って水の中に入ると、意外にもあっさりと渡ることができた。その後は、ヤブと雪の斜面を四つん這いになりながら8時間ほど登り返し、休憩していたところ、熊鈴の音が聞こえてきた。最初は空耳かと思ったが、音は確実に大きくなってくる。「あーっ！　ここはルートだったんだ！　と思って、この人たちに道を聞いて下山しようとしたんです」

「こんにちは」と声をかけると、4人組の男性は「もしかしたら佐藤さん？」と尋ねてきた。よく顔を見てみると佐藤の山仲間の男性たちであった。彼らは遭難のニュースを聞いて、捜索に参加してくれていたのだった。

警察では5月4日に佐藤の姉からの救助要請を受けていた。そして佐藤が小又山から妹にメールを送ったことや、天狗森でほかの登山者とすれ違ったという情報から、迷った場所は、火打岳と砂利押沢周辺と推測し、2日から重点的に捜索していたのだった。

佐藤は下山後に病院で診断を受けたが、足に凍傷を負っていた以外は、特に不調はなく、連休明けからは、通常どおり会社に勤務することができた。

「振り返ってみると、携帯電話を諦めたときにルートを外れていたのですから、ショートカットせずに登り返して、位置がわかっている場所から歩き出したらよかったんですよね。もしまた同じような事態に陥ったら、まず自分の現在地をきちんと確認した上で、確実にショートカットができる

携行していた装備

携行品			
寝具	シュラフ	その他	ツエルト
	エアマット		タオル
	シュラフカバー		手ぬぐい
調理用具	クッカー		ミニ使い捨てカイロ2つ
	バーナー		軍手2双
	ガス(残少量)		ヘッドランプ
	箸		虫除けスプレー*
	スプーン		熊鈴
	マグカップ		ホイッスル
	ライター		トレッキングポール*
ウェア	長靴		保温ポット(500mℓ)*
	長袖Tシャツ		山専ボトル(750mℓ)
	パンツ		折りたたみ座布団
	ウインドブレーカー		水筒1L
	帽子		水入れ500mℓ
	サングラス		携帯電話(スマートフォン)*
	フリース		バッテリー*
	レインウェア		デジカメ
着替え	長袖Tシャツ		地図
	インナーTシャツ		コンパス
	下着		免許証と保険証のコピー
	靴下		

*は行動中に紛失

登山開始時と発見時の携行食料

内容	登山開始時	発見時
ドライカレー(フリーズドライ)	1食	
レトルトカレー	1袋	
ゼリー飲料	4個	
あんぱん	1個	
ミニクリームパン	1袋(5個入り)	2個
バターロール	1袋(6個入り)	3個
ミニスニッカーズ	2個	
柿の種	2袋	1袋
ベビーチーズ	2個	
辛いソーセージ	1袋	5本
塩分補給タブレット	10個	
岩塩	少々	少々
炭酸水	500mℓ	

のか、登り返すべきなのか、判断してから行動したいと思っています」

考察　生還につながった適切な装備とメール

今回の事例は残雪期であり、雨に降られたり、徒渉で腰まで水につかったりしたことから、いちばん危険なのは、低体温症を発症してしまうことだった。しかし、佐藤は①ツエルトを携行していたこと、②雨のときは動き回らず岩陰で体が冷え切らないようなビバーク態勢をとれたこと、③1泊2日の山行で、一定の量の食料や行動食を携行していたため、体の内部から熱を産生できたことなどが低体温症を防ぎ、生還につながったといえる。

「ツエルトはいつも携行していたのですが、今回初めて使いました。もしツエルトを持っていなければ、間違いなく寒さにやられてしまったと思います」（佐藤）

そしてもうひとつ、佐藤が小又山山頂から妹にメールをしたことが、捜索隊による捜索範囲の絞り込みにつながり、早期発見（捜索4日目）を可能にした。今回の山行について、佐藤は出かける際に家族に、神室山に1泊2日で出かけることと、土内登山口から入山することだけしか知らせていなかったという。

「遭難という経験を経た今は、登山計画書を提出し、家族にも渡しています。また、以前は思いついたときだけしか家族に連絡を入れていなかったのですが、今はスマホのLINEアプリでグループラインを作って、登山前、山頂、下山後には報告しています」

佐藤が徒渉をした砂利押沢（本人撮影）

雨の中、佐藤が身を潜めながらビバークした大岩。大人だと半分くらいしか体が入らない（本人撮影）

体験談

単独登山者のヒヤリハット体験

『山と渓谷』の読者から寄せられた、たくさんのヒヤリハット体験、遭難体験。そのなかから特徴的なものをピックアップして紹介する。

道迷い

積雪期の奥多摩《おくたま》で、踏み跡を信じてしまい、自分が思っていたのとは違う尾根に乗ってしまったことがあります。GPSで現在地はわかりましたが、日のあるうちに下りるのは無理と判断し、ビバークしました。真っ暗で怖かったです。こんな低山で……と思ったし、地図を確認することや、ツエルトと非常食を持つことの大切さが身に染みました。（女性・30代）

群馬県南牧村《なんもく》の毛無岩《けなし》付近で現在地をロスト。迷っているときに手をかけた岩がもげて十数メートル滑落、崖ギリギリのところで草をつかんで止まる。しかし、手がかりがなく、トレッキングポールを木の根に引っかけて助かった。以来、ヤブ山でもピッケルを持っていくようになった。単独行では「どこに行くか」「なにを持つか」は自己責任で、という考え方が身についた。（男性・40代）

残雪期のヤブ山の平坦地で道迷い。ルートを確認し、大汗をかいてようやく正しいルートに戻れた。一時的にパニックになりそうになったときは、深呼吸をして「まだ日も高い。時間はたっぷりある」と言い聞かせて、落ち着きを取り戻した。パニック対応が肝心。（男性・60代）

10年以上前、晩秋の鈴鹿《すずか》山系で、笹原の続く不明瞭なルートを突き進んで現在地がわからなくなった。引き返す判断ができずに登り続けてしまったことが原因。天候が崩れるなか、同じような場所をぐるぐる回ってしまった。山行を重ねることにより地図読みの精度が上がり、迷いそうなポイントをチェックするようになって迷うことはなくなった。何事に関しても経験を積むしかないんだなぁと感じています。（男性・40代）

悪天候

横尾《よこお》から涸沢《からさわ》に向かって登山中に、雨が本降りとなった。本谷《ほんたに》橋から少し上の地点から横尾に引き返したが、登るときにはなんともなかったガレが滝のような濁流となって登山道を横切っていた。ほかの登山者もおらず、なんとか渡れる場所を探しながら渡ったが、流されるのではとヒヤリとした。30分ほどの降雨でここまでの濁流になるとは想定できず、経験不足を痛感した。（男性・60代）

2012年3月末、偵察のつもりで軽装備で八ヶ岳・赤岳《あか》に登ってしまった。登頂後、下降時に吹雪とガスでルートがわからなくなり、雪洞でビバークしたが、ダウンもツエルトもテントに置いたままで、非常に困難な一晩となった。一度グローブを外したら、湿雪により指が入らなくなってしまい、両手指のほとんどを切断する凍傷を負ってしまった。手術のため長野県で4カ月、地元で1カ月入院。身体障害3級2種となってしまった。（男性・60代）

転・滑落、転倒

蓼科山《たてしな》からの下山時に木橋を渡ったとき、足を滑らせてバランスを崩し、沢に落ちてしまいました。幸い流れは弱く水深が深いところに落ちたので、濡れただけで済んだのですが、万一腰の骨でも折っていたかもしれないことを考えると……今でもぞっとします。人通りも少なかったので、あのまま遭難した可能性も。痛恨の失敗でした。（男性・30代）

北アルプス・北鎌《きたかま》尾根でうっかりミスをして尻もちをつき滑落。細かい砂利の上をズルズル滑り落ち、いずれ止まると思っていたのに加速がつき、下方に雪渓が見えてきて恐怖が走った。幸い石の出っ張りに足がかかって滑落は止まったが、登り返す間、恐怖で足はブルブル震えていた。このとき「歩行中の『ついうっかり』は絶対に許されない」「ソロ登山では絶対にケガをしてはならない」と肝に銘じた。（男性・70代）

丹沢《たんざわ》の早戸《はやと》大滝を見に行くために沢を遡上中、大岩のトラバースに失敗し、約４ｍ滑落して右手首を骨折。片手が使えない状態で沢から登山道まで3時間かけて下山した。以後、自分の実力を過信してルートを端折ったり近道したりせず、決められたルートを守るようになった。（男性・50代）

妙義《みょうぎ》山の鎖場で足をかける場所を探しているときに手が滑って滑落。ヘルメットを車に忘れ、片手のみ軍手をしていた。頭・足などにケガをして、ヘリコプターで救助された。以来、危険な場所では必ずヘルメット、鎖場では手袋を装着している。（男性・70代）

野生生物

下山時にクマとニアミス。ひとりで下るのは危険と感じたため、あとから下山してきた方に声をかけて一緒に下山した。（女性・30代）

夏に石川県の奥獅子吼山《おくししく》に行った時、サルの鳴き声が聞こえてきた。数匹が喧嘩をしているようで、じっとしていたら数m先の登山道にサルが現われ睨まれた。気の荒くなった野生のサルは本当に怖かった。以後、人が少ない平日の朝は、単独登山を控えるようになった。（女性・50代）

体の不調・病気など

5日間の計画で縦走中に高山病になり、救助を要請してヘリで下山してしまった。同行者がいたら、もっと休憩をたくさん取ったり、荷物を分担したりして防げたのかもしれない。（女性・40代）

夏に奥多摩のマイナールートを登ったとき、熱中症になりかけた。ここで倒れたら発見されないと思い、時間はかかったが、どうにか下山した。以来、ソロ登山の場合の水や行動食は、使わなく

ても多めに持参するよう心がけている。（男性・50代）

その他

計画していた山に予定より短い時間で登頂して時間が余ったため、地図を確認してルートを変更。ところが変更後のルートはアップダウンが激しく道も不明瞭で、不安なまま歩き続けることとなった。夜までかかって無事下山できたが、ケガをしていたらどうなっていたか。（男性・20代）

変な人についてこられた。（女性・40代）

3月下旬の北アルプス・唐松《からまつ》岳で、下山時に腐れ雪になっているところで両足を踏み抜き、腰まで埋まった。ピッケルのブレードで雪をかき出して10分程度で脱出できたが、ピッケルを持っていなかったらまず脱出できなかっただろうと思った。ソロ登山はすべて自分で解決できる力が要求されることを思い知らされた。（男性・30代）

第4章

ソロ登山のリスク管理

解説

入山前・登山中の遭難対策

リスクマネジメントは入山前、計画段階から始まっている。遭難時に素早く、的確に捜索を始めてもらうための準備を進めておく。

知恵㉑

リスクマネジメントは登山計画書から

――木元康晴（登山ガイド）

遭難対策の第一歩、登山計画書の作成

メンバーの情報や行動予定、エスケープルートなどを記す登山計画書。確実に作成するには、事前のプランニングが重要だ。登山計画書を作るキーポイントのひとつは、プランニングに無理な内

計画を書面で伝える

――飯田雅彦（山岳遭難捜索アドバイザー）

遭難事故が発生して自分では救助要請ができない場合、家族や友人からの通報の後、登山計画書の有無で捜索・救助機関の初動は大きく変わる。ポイントは「託す」こと。

「計画書は『作って提出したら終わり』ではありません。家族や友人など緊急時に救助要請をしてくれる人に、計画書を預けることが重要です。登る山の名前を口頭で伝えても、登山知識のない家族は山名を聞いても場所がわからないものですし、口頭での伝言は記憶に残らないことがほとんどです」

万一の遭難事故に備え、登山計画書を託す相手と、救助要請の段取りを決めておくことが大切だ。「たとえば『最終下山日を過ぎても下山の連絡がなければ、翌朝8時に管轄の警察署に通報する』と、時刻や通報先などを決めておくとスムーズです。登山口のある都道府県の警察署の電話番号を計画書に書いておきましょう」

捜索までの流れ（家族や友人からの通報の場合）

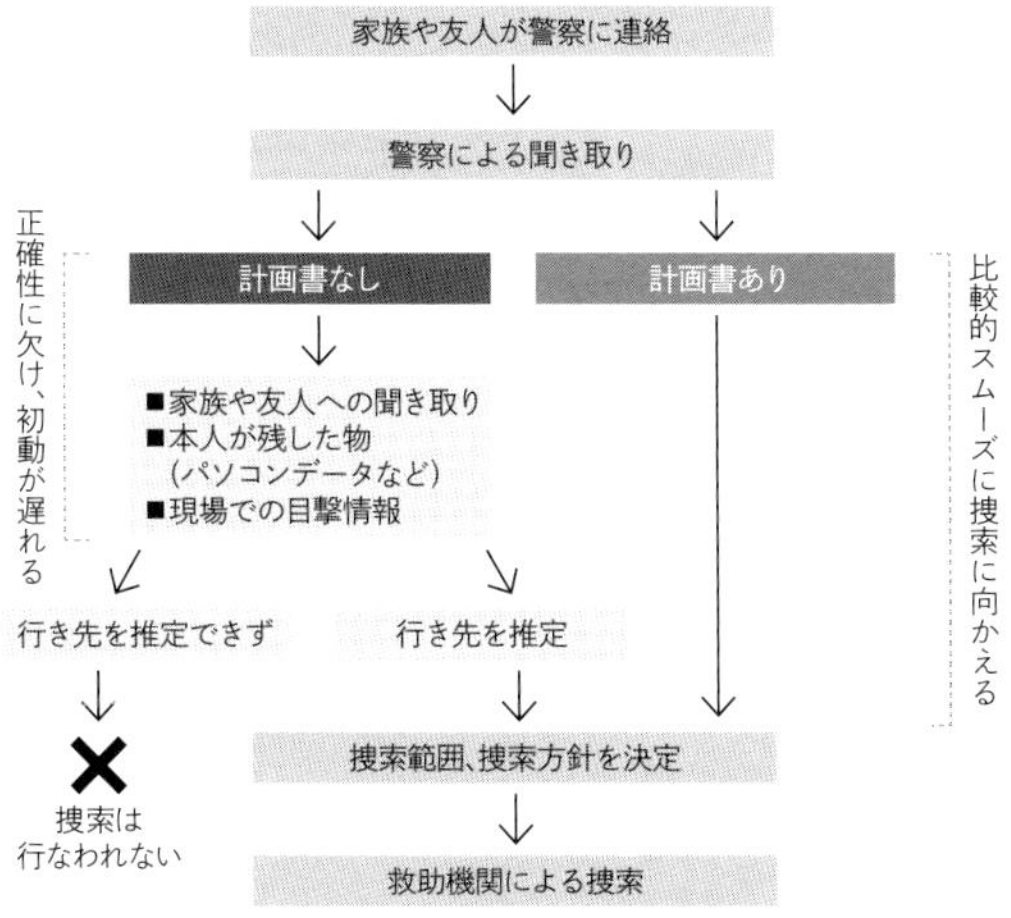

容や、抜けている点がないかのチェックにある。つくり込まれた登山計画書は、アクシデント発生時の対応を速やかにするほか、遭難そのものを防ぐ効果ももつ。

登山計画書はどのように書いたらよいだろうか。必要事項の記載があれば、書式は自由。まず必要なのは、目的の山名とエリア。次にメンバーの氏名や住所、電話番号や緊急連絡先など。これらは個人情報だが、遭難時には仲間や救助者がこれを見て連絡をとるので、必ず記載すること。次に1日ごとの詳細な行動予定と、予備日の有無、設定している場合にはエスケープルート。さらに、家族が捜索願いを出すタイミングを判断するための最終下山時刻も必要だ。あとは装備と食料も記載する。ソロの場合は、ザックとウェア、さらにレインウェアの色も必ず記載しよう。

「登山計画書は必ず家族や知人にも渡しておきましょう。万が一に備えて、下山予定時刻をどのくらい過ぎたら救助要請するかを伝えることが大切です」

状況把握と進退判断

山で必要な状況判断は、危険を回避するためのもの。パーティでもソロでも判断の内容は同じだが、ソロ登山はトラブルがあったときに深刻な状況に陥りやすい。その理由は、トラブルの発生が人に伝わらないため。発生後すぐに対処すれば大事に至らないことも、発見が遅れれば致命的な状況になってしまう場合もある。迷ったらより安全なほうを選び、無理のある行動を抑制することを心がけよう。

「道迷いは心配や悲しみなど本人の感情的なことだけでなく、残された家族や周りの人間もさまざまな理由で非常につらい状況に追い込まれます。少しでも判断に迷いがあれば、必ず安全なほうを選ぶと心に銘じておきましょう」

ルート状況が思っていたよりわるい

ソロ登山でそのような状況に出くわしたら、できることなら引き返すのが正解だ。どうしても進むとしたら、どれくらいその状況が続きそうかを推定し、計画を立て直す必要がある。コース状況が悪い区間の所要時間を通常の2倍程度と考えて以降の行程を見直してみよう。その上で、5分から10分程度の時間を決めて進み、時間がたったら本当に進んでいいかをその都度検討する。これ以上進むのは難しいと感じたら、迷わず引き返すことを選択しよう。短い時間で判断を繰り返せば、リカバリーにかける労力も小さく抑えられる。登山道が明確でない場合は道迷いのリスクも高いので、GPS（アプリ可）を使ってコースを外れていないかのチェックも必須だ。

天候が急に悪化

悪天候時は視界がわるいため、晴天時に比べて情報量が大幅に減る。ましてやソロ登山の場合、ひとりで確認できる視野は限られるため、転落や道迷いのリスクがさらに高くなる。

「一般的に行動が可能な気象条件は、傘を差しづらいと感じる程度までの風（風速15ｍ／秒程度）、土砂降りにならない程度の雨（1時間あたり20㎜程度）までが目安。それ以上に強い風雨のときや、短時間で天候が回復する見込みがない場合は、停滞、避難、撤退などの決断が必要です」

ほかにも、落雷、降雪、路面の凍結といった状況や、稜線、沢沿い、樹林帯といった、今いる場所の地理的な条件など、さまざまな要素を複合的に考えて判断をしなくてはならない。また、これから進むコース上に、鎖場や岩稜帯など自分が苦手とする場所があるなら、悪天候時に通過するのは避けるのが得策だろう。

行動可能な気象条件
・風に向かって歩きにくいが歩ける程度
・土砂降りにならない程度の雨

行動可能な地理的条件
・稜線以外の安全な登山コース

行動可能なコースの内容
・岩場や鎖場など、自分の苦手な要素が含まれない

解説

緊急ビバーク

山中で進退窮まったとき、ビバークが必要になる。
冷静に正しいビバークができてこそ、一人前のソロ登山者。

知恵㉒

生き残るためのビバーク法で体力を温存する

――山田哲哉（山岳ガイド）

「ビバークにマイナスイメージをもっている人が多いかもしれませんが、そんなことはありません」と山田さんは語る。「道に迷ってあてもなくさまようと、捜索範囲から外れて発見が遅れます。また、悪天候時や夜間に無理に行動するよりも翌日までビバークしたほうが、周りの状況を把握しやすい上に、ケガのリスクを減らせ、体力も温存できます」

自力下山の可能性を高めるためにも、下山や山小屋への到達が不可能だと感じたらビバークを決断しよう。ビバーク場所や設営の時間を考えて、日没30分前までには決断したい。

持っている衣類をすべて身に着ける

ビバーク時は衣類による寒さ対策を充分に行ないたい。

「持っている衣類をすべて身に着けましょう。重ね着して空気の層をつくると保温性が増します」

また、体の末端部は冷えやすいので、手先、足先、耳などの寒さ対策は重要だ。必ず手袋と帽子を携行し、寒い時期は厚手の靴下を選び、アンダータイツを着用したい。

寒さ対策で重ね着する場合、気をつけたいのが「濡れ」。体に付着した水分は蒸発する際に体温を奪うので、濡らさないように徹底したい。内からの濡れ＝汗には、速乾性のある機能性アンダーウェアを着用して汗冷えを防ぐ。外からの濡れ予防には、レインウェアをいちばん外側に着ること。防風性があり、風による冷えを防いでくれる。

ツエルトを使用したビバーク

①風雨の影響を受けづらい、平らな場所で露営する

ツエルトの設営場所は、雨風の影響を受けづらい樹林帯や岩陰で、体を横たえられる平らなところがベスト。できれば水を確保できる場所が近くにあると理想的だ。樹林帯なら木を利用してツエルトを張れる。風の強い稜線や、落石の危険がある場所は避けたい。

「水場の近くというと、沢の近くがいいと思うかもしれませんが、朝晩の冷えが厳しく、増水の危険もあるので、すぐそばに張るのはやめましょう」

ツエルトは、一般的に2本のトレッキングポールを支柱代わりにして立てるが、木を支柱にすれば風で倒れる心配がないので、より安心できる。

ツエルトの張り方

細引きをベンチレーターに通して立ち木に渡した張り方。どちらも寝転がれるスペースを確保できる場所に設営しよう

トレッキングポールを支柱にした張り方

②体を内側から温める

寒さをしのぐためには、持っている衣類を全部着込むことが重要だが、温かい飲み物を飲んで、体を内側から温めることも効果的だ。また、初めてのビバークだと不安なことだらけで、なかなか落ち着くことができない。温かい飲み物を飲むことは、喉を潤して体を温めるだけでなく、気持ちを落ち着かせてくれる働きがある。

「生きる活力を維持するためにも、まずは温かい飲み物を口にしましょう」

③足先の冷えを防ぐためにザックを活用

ツエルトの中で横になると地面からの冷気が体を冷やす。体の末端部の足先は特に冷えやすく、保温対策をとらなければ夜に充分に眠れない。特に下半身の防寒対策はおろそかになりがちだ。そこで活用したいのが、ザックやシュラフカバーだ。

「ザックに足を突っ込む、または体の下に敷くなどして地面からの冷気を抑えることができま

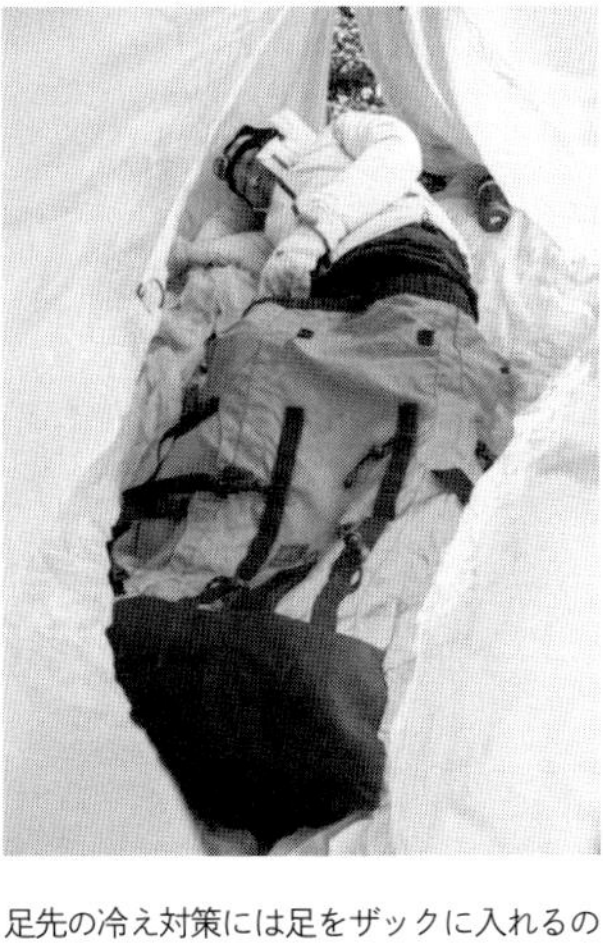

足先の冷え対策には足をザックに入れるのが効果的。体の下に敷くだけでも、冷え・濡れ対策になる

す。シュラフカバーを併用すれば、さらに保温効果が期待できます」

緊急性の高い状況でのビバーク

①ツエルトが張れない場合は「吊る」「かぶる」

ケガや疲労で思うように動けない、ツエルトを張れるような場所を見つける前に日没になるなど、ツエルトを張れない状況は大いに考えられる。

「片側だけ木に固定して吊る方法は、張るよりも簡単で中に空間が作れるメリットがあり、体を動かせる空間ができれば快適性は向上します。吊ることもできない場合は、そのままかぶるだけで風や冷えから体を守れます」

ツエルトを持っていない、あるいは落としてしまった場合は、岩陰などの風雨をしのげる場所で、レインウエアを着て防水、防寒に努めよう。

ツエルトを「吊る」。張るよりも短時間で、ある程度の斜面でも設営可能。ただし「張る」よりも快適性は劣り、結露もしやすい

②大雨を考慮したビバーク法

万能のように思われがちなツエルトだが、実は防水性はさほ

ど期待できず、大雨に弱い。防水透湿素材を使ったツエルトもあるが、重くかさばるので非常装備には向いていない。

「専用タープのあるツエルトもありますが、おすすめは安価なレジャーシートです。防水性が高く、ツエルトの上に張れば雨をシャットアウトしてくれます」

ツエルト同様、細引きを使い接地面を固定すれば快適な空間を作れる。

③焚き火で身も心も温かく

ビバーク時、寒さに耐えられないときに実践したいのが焚き火。バーナーの火よりも暖かく、安心感をもたらす。濡れた衣類を乾かす際に役立ち、救助の際に煙や臭いで見つけられやすいという利点もある。焚き火を禁止されているエリアも多いが、命にかかわるような緊急時にはやむを得ない。焚き火をするときは、延焼して山火事にならないように細心の注意が必要だ。落ち葉などの燃えるものは、火の届かない範囲へ除去すること。

ツエルトを「かぶる」。手間がかからず簡単だが、「張る」「吊る」よりも天候の影響を受けやすく、快適性に乏しい

タープのようにレジャーシートをかければ雨を遮断してくれる

焚き火が発見の決め手となったケースも

2017年6月、奥秩父の木賊山で男女2人が行方不明になる山岳遭難が発生した。捜索4日目に県警ヘリにより発見・救助された。発見の決め手となったのは焚き火。旋回中のヘリが標高約1600m付近から煙が上がっているのを見つけ、衰弱した2人を発見した。登山道から滑落し、その場から動けない絶望的な状態からの生還だった。ソロ登山の事例ではないが、このように焚き火は体を温めるだけでなく、自分の場所を知らせるサインにもなる。

やまだ・てつや／1954年、東京生まれ。山岳ガイド「風の谷」主宰。日本山岳ガイド協会認定山岳ガイドステージⅡ。国内外問わず活躍中。著書に『奥多摩　山、谷、峠そして人』（山と溪谷社）などがある。

解説

自分を救うファーストエイド

ケガや体調悪化を招いたとき、頼れるのは自分だけ。事態を想定して、対処法をシミュレートしておきたい。

知恵㉓

自分の命を救うために救急法を身につける

――千島康稔（国際山岳医・登山ガイド）

たとえば、滑落や転倒で意識を失ったとき。同行者がいれば、必要な処置をしたり、救助を要請したりできるが、ソロ登山では、誰かが発見してくれるか、意識が戻るまで、なすすべがない。救命のカギとなる早急な気道確保は、他者がいてこその処置だし、止血もケガの部位によってはひとりでは難しい。片手が使えない状態で、ほかにも重度のケガがあったら？　痛みに耐えてどこまでできる？　リアルな場面を想像してみると、ソロでできることは意外と少ないことに気づくだろう。

アクシデントで動けなくなったとき、声をかけ、手当てをしてくれる仲間がいることと、すべてをひとりで行なうこと。その違いを、ソロのリスクとして理解しておきたい。

起こり得る事態を想定し、装備と心の準備をする

ちょっとした傷くらいなら、絆創膏を貼って終わりでよし。でも、骨折や重度の低体温症など、緊急度の高い場面では、知識の有無がその後の展開を左右する。何かが起こってから「これって、どうすれば?」と考えても、あやふやな知識で対処するのは難しい。

山に入る前の準備として、「何が起こり得るか」「どんな処置が必要か」「処置の方法は」と、さまざまな場面を想定してシミュレートしておくことが大切だ。これは心のトレーニングにもなる。普段からよく考え、必要な知識と装備を持っていれば、緊急時に落ち着きを取り戻すのも早い。何が起こっても、「想定外ではなく想定内」と言えるよう、しっかり準備しておきたい。

何が起こったのか、事態を冷静に把握する

大きなアクシデントの渦中では、放心したり、パニックになったりと、平静でいることは困難な

ものだが、対処の第一歩は落ち着くこと。

続いて、転倒か滑落かなど、何が起こったのか把握する。それと同時に周囲を見渡し、自分がいる場所が安全か、すぐに移動が必要かを判断する。その次に全身のチェック。強い痛みがあると、そこだけに意識が集中し、他の部分のケガを見落としやすい。頭や胸・腹などは、最初は痛みが軽くてもあとから重症になることもあるので、頭の先から爪先まで触ったり動かしたりして、痛みや変形、動きの異常がないか確認することが大切。この流れも頭の中でロールプレイングしておこう。

対処法を知っておき、できることをしっかりやる

多量の出血を前に「ええっと、止血って確か……?」となってしまう人と、手順をしっかり把握している人では、処置のスピードも確実性もまったく違う。テキストで手順を読むだけでなく、自分の体で繰り返しリハーサルして、動きを感覚で覚えておくといい。傷の止血、洗浄、骨折・捻挫・脱臼の固定など、できることは手の届く範囲に限られるとしても、可能な処置を淡々と行なえるくらいにしておきたい。

低体温症、熱中症、高山病は、症状が軽いうちに自覚し、対処することで重症化を防げる。また、普通に歩けない状態での処置は、このまま登山を続けるためではなく、あくまでその場から無事に

下山するためのものだということを認識しておこう。

自力下山か、救助要請か、症状に応じて見極める

動けるようなら自力下山も選択肢に入れてよい。だが、時間の経過とともに症状が重くなることもあるので、登山道の状況、下山口までの距離なども併せて判断したい。大腿骨や骨盤の骨折、または骨折が2カ所以上ある場合は、すぐに救助要請を。多量の内出血を起こしていることがあるからだ。また、頭、胸、腹部を強く打ったときも要注意。内臓破裂、肺挫傷などでは、最初の痛みは耐えられても、次第に重症化していく。自力下山するときも、救助を待つときも、症状の変化に気をつけて、記録を取っておきたい。

ちしま・やすとし／1961年生まれ。医師。日本登山医学会認定国際山岳医。日本山岳ガイド協会認定登山ガイドステージⅢ。登山教室Ｔｉｍｔａｍ松本分校で個人ガイドや講習会を実施している。

救助要請

緊急時、自分では対処しきれないと思ったら救助を呼ぼう。まずは落ち着いて、必要な情報を過不足なく伝えたい。

知恵㉔

現場での救助要請と、要請後の対処

――飯田雅彦（山岳遭難捜索アドバイザー）

救助要請は、ケガや病気、道迷いなどにより「自力での下山が不可能、あるいは非常に困難となったとき」に行なう。

「特に注意したいのは道迷いです。『安易な救助要請はいけない』『自分でなんとかしなくては』と思って行動するほど深みにはまるもの。日没前だからとか、まだ30分しかたっていないからなどと考えず、自分では解決できないと思ったら早めに通報してください。時間が早ければすぐに捜索に出られますし、見える景色などを手がかりに通報者の現在地を特定でき、自力下山の助けになることもあります。下山が遅れたものの自力下山ができる場合でも、不安があれば警察や家族に相談の連絡をするとよいでしょう」

①病気やケガ　ケガや病気で自力歩行による下山が不可能と判断したら救助要請を。無理に行動すると悪化する原因となる。

②道迷い　どこにいるのかわからない、自分で解決できないと思ったら、日没まで動きまわらずに救助要請を。

③天候急変　天候が急変し、下山に使う登山道が崩れた、徒渉地点の沢が増水したなど、進退窮まった場合も救助を呼ぶ。

入山前からできる遭難対策

スマートフォンや携帯電話の機能や操作を把握しておく

優れた機能がついていても、緊急時に使えなければ意味がない。GPS機能をオンにする、位置情報を表示するなど、最低限の操作方法を把握しておく。

途中経過をメールやメッセージアプリで伝える

「これから登山口を出発」「山頂到着」「無事下山」などの途中経過を、メールやLINEなどのメッセージアプリで家族や友人に送る習慣をつけよう。

スマートフォンや携帯電話の電源は切らない

バッテリーの消耗を防ぐため、電源を切ったり機内モードにする人も多いが、救助要請に関していえば、常に緊急連絡ができる状態にしておくのがベスト。その分、予備のバッテリーは必携だ。

捜索・救助に役立つシステム

山と自然ネットワーク・コンパス

日本山岳ガイド協会が運営する、インターネットで登山計画を家族や友人、警察と共有できるシステム。ウェブサイトから全国の山域の登山計画が提出できる。サイトの書式に従って情報を入力し、登山計画を提出すると、指定した家族や友人に登山情報のメールが送られる。

「コンパスには下山通知機能があり、予定の下山日時を過ぎても下山連絡がない場合は、登録した緊急連絡所や登山者本人に確認の連絡が届きます。家族や友人から相談・依頼を受けて捜索を開始しますが、コンパスと協定を締結している自治体や警察も多く、実際に家族から捜索依頼があった場合は、コンパスに提出された登山の情報が救助機関と共有され、迅速な活動に役立っています」

登山計画はPCやスマートフォンのウェブサイトから作成できるほか、iPhone、Androidの対応の無料アプリもある。

会員制捜索ヘリサービス「ココヘリ」

2016年のサービス開始以来、利用者が増加している会員制捜索ヘリサービス。入会すると、会員個人の識別番号をもった電波発信機が会員証として提供される。発信機は幅3・9×高さ5・7

×厚み1・3㎝、約20gと非常に小さい。スイッチを入れると数キロメートル届く電波を発信し、1回の充電で約3カ月間、電波を発信し続ける。会員が行方不明となった場合、家族や友人からの要請を受けて捜索ヘリが飛び、行方不明者の発信機が発する電波をキャッチして位置情報を特定し、救助機関に引き継ぐことができる。

「電波が長期間発信されるので、行方不明者の捜索には非常に有効です。登山計画書を基に範囲を絞り込み、捜索ヘリを飛ばします。捜索ヘリは1回の事案で3回まで無料で利用できます」

電話での救助要請

救助要請は、110番（警察）か119番（消防）か、どちらに連絡したらよいだろうか。

「通報は警察でも消防でもかまいません。最初に『事件ですか、事故ですか』と聞かれますから、町での事故と区別するために、必ず『山岳事故です』と答えてください。さらに救助が必要な状況（ケガをして動けない、道に迷っているなど）であることを伝えます」

救助要請をする前に通報する内容の整理を行なう。

「オペレーターが必ずしも山岳事故に精通しているとは限らず、捜索・救助に必要な情報を過不足なく聞き取ってもらえないことがあります。そのため、伝えるべき内容は以下に紹介する原則でまとめておくとよいでしょう」

山岳事故であることを伝えたら、取りまとめた内容に従って事故の状況を伝えていく。

「いつ、どこで、だれが、何を、なぜ、いかに、という六何《ろっか》の原則に従って状況の説明をします。救助要請でいえば、事故発生日時、事故発生場所、遭難者の氏名や情報、どんな事故か、なぜ起きたのか、現在どのような状況か。注意したいのは場所の情報。『埼玉県の日和田山《ひわだ》』『長野県・岐阜県の槍《やり》ヶ岳』など、山名だけでなく都道府県名も伝えます。見通しのよい稜線では、携帯電話の電波はどの方向に飛ぶかわからず、110番や119番での通報は、最寄りの警察や消防につながるとは限りません。確実に場所を特定できる情報を伝えてください」

電話がつながらなくても諦めない！

携帯電話の電波が通じない場合はどうしたらいいだろうか。

六何の原則

いつ
事故が発生した日時

どこで
山名（都道府県も）、
おおよその場所、標高

だれが
遭難者の氏名・住所など

何を
足を骨折して動けない、
道に迷ったなど

なぜ
登山道から滑落した、下山時に
登山道がわからなくなったなど

いかに
自分が今いる場所と
容態について

「電波が不安定で通話ができなくても、メールなら送信できる場合があります。また、自分の居場所を伝えるには声やヘッドランプの明かりも有効です。一般登山道でのケガや病気なら、ほかの登山者に救助要請を伝言することもできます。その場合は口頭ではなく、救助要請に必要な情報を書面にして託すこと。伝言される側も気が動転しがちなので、口頭での伝言では必要な情報がうまく伝わりません。『助けてくれと言われた』だけで、要救助者の名前や事故の内容、場所さえも覚えていないことがあります」

　現在地の特定が難しい山岳遭難では、メールによる110番も非常に有効だ。各都道府県警では、110番用のメールアドレスやウェブサービスを設けている。飯田さんが推奨するのは、電話で救助要請を行なった後、あらためて事故

メールなら通じることも

電波状態が不安定で、長時間の通話は難しくても、救助要請に必要な事項を記したメールを作成し、送信を試みよう。警察に直接、メールで救助要請するのがベストだが、家族や友人に送り、警察に転送してもらってもよい。

ライトは山麓に向けて

夜間、点灯・点滅する光は、遭難に気づいてもらうには有効だ。ヘッドランプを山麓や山小屋に向けて点滅させるとよい。スマートフォンにもライトの機能はあるが、電池が切れると救助機関と連絡が取れなくなるので控えよう。

の内容をメールで伝えること。

スマートフォンや携帯電話から110番通報をするとGPS機能によって通報者の位置の特定が行なわれるが、メールでの110番は、通話とは異なる方法で測位された位置情報が送信されるため、通話とメールの位置情報を併せて、通報者の現在地特定がより確実に行なえるのだという。登る山の都道府県名と「メール110番」でネット検索し、メールアドレス等を調べたら計画書に記入する癖をつけよう。

救助機関の指示に従う

救助要請を行なった後は、できるだけ安全な場所でビバークし、救助隊が到着するのを待つ。「警察や救助隊などの救助機関は事故の内容や

誰かに救助要請してもらう

通りかかった登山者に下山地あるいは携帯の電波の届く所で救助要請をしてもらう、または途中の山小屋への通報を依頼する。自分の名前や連絡先、事故の状況などの情報を紙に書いてまとめておき、そのまま渡すと確実だ。

大きな声で叫ぶ

周囲に音が少ない夜間には、声は案外遠くまで響く。「山から声が聞こえた」という山麓住民の通報で救助につながることもある。日中も、どこかから声が聞こえてくるときは、自分の発した声がほかの登山者に届く可能性がある。

現場の状況、天候といった条件を考慮して捜索・救助の方針を決定し、その内容を要救助者に伝え、救助現場に向かいます。救助機関の指示には忠実に従ってください。特に道迷い遭難では『その場を動かないこと』と指示があると思います」

救助を待っている間に注意したいのが、家族や友人への連絡だ。

「救助機関からの連絡に備え、スマートフォンなどは常に通話ができる状態にしておいてください。家族への連絡も最少限に。無事を伝えるためでも、通話で電池を消耗するリスクがあるだけでなく、救助機関が連絡をしたときに通話中でつながらないということがあります。救助機関から救助の段取りについて説明を受けてから、事故の状況と救助の予定についてメールを送るとよいでしょう」

ヘリコプターによる救助の場合、上空から発見してもらうことが重要だ。

「明るい色のもの、光るものはよく目立ちます。黄色やオレンジ色のテントやツエルト、自然にない色なのでブルーシートも見つけやすいです。動くものもよく目立ちます。ヘリが近づいてきたら、ツエルトやエマージェンシーシートを大きく振って合図しましょう。トレッキングポールにツエルトやエマージェンシーシートを縛りつけ、旗のように振り回すのも効果的です」

いいだ・まさひこ／山岳遭難捜索アドバイザー。埼玉県警察山岳救助隊で長年、山岳救助に携わった。現在は民間の山岳遭難捜索組織「LiSS」所属。雲取山荘に勤務しながら遭難防止に力を注ぐ。

出典：『山と溪谷』2017年2月号／2018年2月号／2019年2月号／2020年2月号
『ワンダーフォーゲル』2018年10月号／2020年2月号

執筆｜第１章　森山憲一／吉田智彦／佐藤徹也／野村 仁
第２章　辻野 聡／吉澤英晃／山崎友貴／川原真由美／
野村 仁／大武美緒子／大関直樹／佐藤慶典
第３章　羽根田 治／大関直樹
第４章　木元康晴／小川郁代／辻野 聡／川原真由美／西野淑子

写真｜第１章　矢島慎一／森山憲一／吉田智彦
第２章　小関信平／小山幸彦（STUH）／矢島慎一／中村英史
第４章　加戸昭太郎

イラストレーション｜第１章　芦野公平
第２章　林田秀一
第４章　芦野公平／岡田みそ

ソロ登山の知恵

YS054

2020年12月1日　初版第1刷発行

著　者　　山と溪谷編集部編
発行人　　川崎深雪
発行所　　株式会社　山と溪谷社
〒101-0051　東京都千代田区神田神保町1丁目105番地
https://www.yamakei.co.jp/
■乱丁・落丁のお問合せ先
山と溪谷社自動応答サービス　TEL：03-6837-5018
受付時間／10:00-12:00、13:00-17:30（土日、祝日を除く）
■内容に関するお問合せ先
山と溪谷社　TEL：03-6744-1900（代表）
■書店・取次様からのお問合せ先
山と溪谷社受注センター　TEL：03-6744-1919
FAX：03-6744-1927
印刷・製本　図書印刷株式会社

定価はカバーに表示してあります。

Printed in Japan ISBN978-4-635-51071-4